골프를 행복하게 즐기는 100가지 짧은 이야기

백돌이, 백순이도 골프가 즐겁다

이정근 지음

군자출판사

백돌이, 백순이도 골프가 즐겁다

1판 1쇄 인쇄 | 2023년 6월 2일
1판 1쇄 발행 | 2023년 6월 10일

지 은 이 이정근
발 행 인 장주연
출 판 기 획 이성재
편집디자인 최정미
표지디자인 김재욱
일 러 스 트 이다솜
발 행 처 군자출판사(주)
등록 제 4-139호(1991. 6. 24)
본사 (10881) **파주출판단지** 경기도 파주시 회동길 338(서패동 474-1)
전화 (031) 943-1888 팩스 (031) 955-9545
홈페이지 | www.koonja.co.kr

ISBN 979-11-7068-020-8 (13690)
정가 18,000원

저자 **이정근**

약력

- 건국대학교 의과대학 영상의학과 교수.
- 2023년 현재 흉부x선 소견(영어)과 일본어 학습에 관한 유튜브 채널을 운영하고 있습니다.

  Youtube 채널명: Dr.Y.ChestRadiology

  https://www.youtube.com/@dr.y.5081

著書저서

- 어디가 아프십니까? 쉽게 쓴 100가지 病이야기. 1998년 朝鮮日報社.
- Imaging of Lung Cancer. 2012년 군자출판사.
- 나는 골프가 즐겁다. 2020년 군자출판사.

譯書역서

- 현지 학부모가 알려주는 미국대학 진학코디

  (What High Schools Don' t Tell You). 2019년 도서출판 사냥꾼.

머리말

2020년 발간된 拙著 '나는 골프가 즐겁다'를 재미있고 유익하다고 하며 읽어 주신 여러 지인들이 계셨다. 선배도 동료도 후배도, 그리고 가족도 있었다. 그래서 보람도 있었고 그 자체가 기쁨이었다. 나는 골프가 즐겁다. 재미있다. 특히 중학교 동창들과 함께하는 골프는 즐거움이 이루 말할 수 없다. 나이가 어언 還甲이 된 요사이 골프로 같이 놀아주는 친구들이 있다는 게 좋다. 그런데, 두루두루 둘러보니, 성적이 백돌이(나를 포함하여, 정확히 스코어를 기록하자면)인 사람이 많았다. 그것도 꽤 많았다. 그리고 우리 영상의학과 교수 중에도 구력은 꽤 되는데, '백돌이, 백순이, 비거리가 안 나서'라는 말을 쓰면서 약간은 골프가 재미없다는 뉘앙스로 표현하는 경우도 꽤 많이 보았다. 그때, 그런 말을 하는 마음이 무얼까 하고 생각해 보았다. 그것은 '자기 자신의 골프 실력에 대한 아쉬움'일 것이라는 생각이 들었다. 그리고, '재미는 있는데 파트너에게 조금 창피하다'는 뉘앙스라는 것도 알게 되었다. '골프와 자식은 마음과 같이 되지 않는다'는 말이 있다. 당연히 어렵지만, '자식은 믿고 받아 주라'는 가르침이 내 부모님에게서도, 심리상담가에게서도 많이 듣는 치료 방침이다. 그렇다면, '골프도 마찬가지 아닌가?'하는 생각이 들었다. 일주일 내내 열심히 일하고 돈 벌고 저녁에 지쳐서 집에 들어가는 샐러리맨이, 두 아이 키우고 병원 일에 바쁜 여의사가 어떻게, 본디 튼튼하게 태어나고 머리도 좋고 전문 체력 훈련과 골프 훈련을 받고 골프 연구를 하고 하루 종일 골프를 치는 젊디젊은 전인지처럼, 타이거 우즈처럼 잘 칠 수가 있을까? 싱글을 할 수 있을까? 내 결론은 無理, 不可였다. 그렇다면, 골프도 자식에게 하듯 대하자는 결론이 나온다. 있는 그대로의 나, 아마추어, 주말 골퍼, 백돌이, 백순이임을 알고 인정하고 그 자체를 즐기자.

돈 좀 있고 나이도 있고 또 비즈니스 일로 남자들이 주말에 즐기던 것이 지난 시대의 골프였다면, 지금은 MZ세대니 2030이니, 여성시대니 하여 골프장에 등장하는 골퍼 층이 바뀌어 가고 있다. 일종의 패러다임 쉬프트인 것이다. 젊은이들이 많아지고, 젊은 여성이 치고 또 아줌마들이 치고 또 평일에도 골프장 부킹이 어려운 시대이다. 책을 읽는 시대도 아니고, 책을 보는 시대이고, 그것도 아니면 핸드폰 시대, 유튜브 시대이다. 그런 상황에 이 책이 부합할까, 하는 염려가 들기도 한다.

이 책은 백돌님을 위하여 썼다. 백순씨를 위하여 그렸다. 쉽게 느끼라고 짤막짤막하게 썼다. 주제 넘게 일본어로도 썼다. 혹시 일본어 공부에 도움이 되라고, 혹시 일본 골프방송을 볼 때 도움이 되시라고. 영어로도 썼다. 영어 골프책 볼 때, 유튜브 볼 때 도움이 되라고, 영어 골프 방송에 도움이 되시라고. 그림을 많이 넣었다. 보고 재미있으시라고? 아니다. 그림을 머리 속에 인쇄, imprint, 하시라고. 우리 영상의학과 사람들은 그렇다. CT MRI 사진을 잘 기억하고 머리 속에 인쇄하여 보관한다. 그것을 기억한다. 그래서 문장 기억력은 조금 떨어질지도 모르겠다. 일종의 직업 특성이랄까? 직업병이랄까? 그런 의미로, 지금 이 책의 형식이 백순씨 마음에 들었으면 좋겠다. 이 책이 태어나며 외치는 바람은, "걍, 있는 그대로 즐겁게 삽시다"인 것이다.

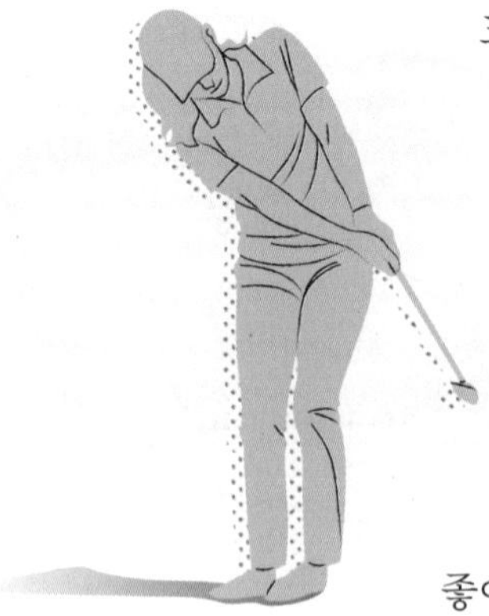

이 책을 쓰는 데 모티브를 준 文承珪, 그리고 朴希宣 교수에게 감사드린다. 문 교수는 기억하지 못하는 것 같지만, 拙著 '나는 골프가 즐겁다'를 처음 기증했을 때, 나를 보고, "골프에 좋은 말들 많잖아요? 그런 것을 모아서 또 써보세요" 그랬다. 문 교수의 의도에 맞게 쓰였기를 바랄 뿐이다. 아니어도 어쩌랴. 박 교수는 골프 구력이 제법 있는데 '비거리가 짧고 스코어가 좋아지지 않아서 골프가 아쉽다'는 듯 말하였다.

그래서 백돌이/백순이도 골프를 즐길 수 있게 Quotes 형식으로 써 보고자 하였다. 애니메이션을 더하고 책 크기를 줄이는 노력을 더해 보았다. 지금은 읽기보다는 '보는 책' 시대이므로 도움이 될 듯하다. Quotes를 100가지로 편집한 것은 졸저, '어디가 아프십니까, 쉽게 쓴 100가지 病이야기'를 떠올린 것 같다.

문, 박 교수에게, 책의 모티브를 주심에 감사드린다. 일본어를 '일본말'스럽게 돌보아 주신 日韓交流 "樂" 代表 久保澤 明子(구보사와 아끼꼬)(NPO부천 다문화가정협의회회장, 일본어/한국어강사 통역번역) 先生께, 영어를 '의미가 더욱 분명하게' 교정해 준 竹馬故友, 舊 계관웅어학원원장 현재, ㈜엑스퍼트프렙 桂關雄 대표에게 고마움을 전하고, 우리말 골프 원고를 싱글 핸디캐퍼로서 돌보아준 '영원한 친구', 고려에이스비뇨기과의원 李東洙 원장에게 항상 그리고 또 한번 감사한다. 물론 우리 가족, 마누라, 아들, 딸의 내조에 최고의 감사를 드린다. 군자출판사 영상의학과 담당 이성재 과장을 비롯한 일러스트팀의 재능과 노고에 특별히 감사드린다.

지금 이 순간에도, here and now, 자신의 멋진 골프 샷을 상상하며 행복한 표정을 짓는 백돌이 여러 분에게, "진정한 골프인"이라는 찬사를 드린다. "골프는 바로 당신, 백순이를 위해 만들어진 것"이라고 말하며.

목차

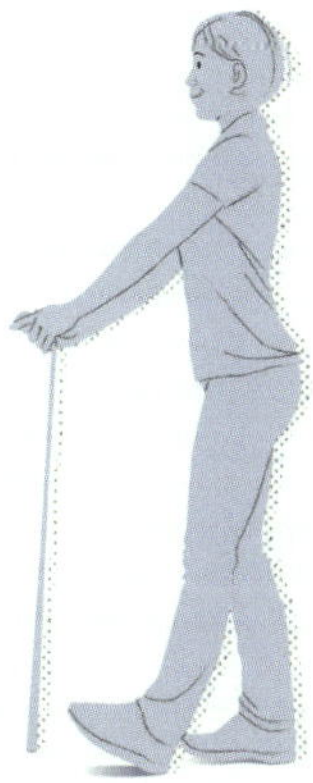

목 차

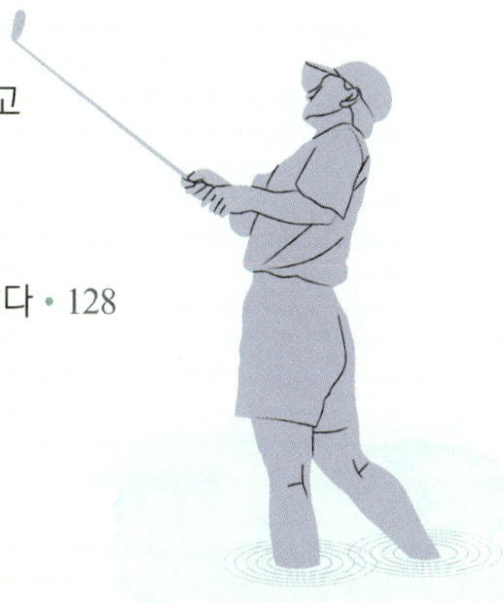

목 차

01

나는 자랑스러운 골프 백돌이, 백순이이다.

私は誇り高い″百点″ゴルファー“（″100切り″）だ。

I am a proud golfer, a “hundred-scored” guy.

나는 골프를 좋아합니다.
그러나 골프 실력자는 아닙니다.
당연히 프로 선수도 아니고요.
나는 평범히 내 일을 하며 때로
정다운 친구들과 골프를 즐길 따름입니다.
앞으로도 쭈욱, 아마도 죽을 때까지
골프를 좋아할 것 같아요.
골프가 즐겁고 행복할 따름입니다.
골프를 알게 되어 기쁩니다.

02

내 골프의 목적은 즐거움이요,
내 골프 스윙의 목표는 '똑바로'이다.

ゴルフの目的は楽しむこと。ゴルフスイングの目標はまっすぐだ。

The purpose of my golf is to be happy and the goal of my swing is to 'go straight'.

그래요.
지금 이 골프장에
내가 와 있는 이유는
즐겁기 위함이고,
내 스윙의 목표는
공을 똑바로 보내는 것이죠.
골프장의 경치가 아름답고,
내 벗은 따뜻한 사람들이고,
내 골프 클럽은
공을 똑바로 날려 보내는
'조자룡의 헌 칼'입니다.

03

백돌씨/백순씨가 무시해도 되는 말, 흘려버리면 좋은 말.

“１００切り”を目指すプレイヤーが無視していい言葉。気にしてはいけない言葉。

Words that double bogey players can ignore.

‘거리가 안 나요’,

‘거리 손해’,

‘체중 이동’,

‘바람 방향’,

‘슬라이스 홀’,

‘잔디가 역결’,

‘OK. 컨시드’,

‘그 공 몇 피스야?’

한 귀로 흘리면 좋은 말 모음입니다.

무시하는 것이 나를 평화롭게 하는 말.

백돌이인 나에게 의미가 없는 말.

Impact factor 0.

언젠가 보기 플레이어가 되면

그때 다시 생각해 볼까요.

지금 내 머리에는 '똑바로' 뿐.

04

골프의 그 무엇이
나를 이렇게 기쁘게 하는지 떠올려 본다.

ゴルフの何がこんなにも楽しいのか思い出してみる。

Think about what makes my golf so much fun.

백순이인 내가 골프를 이렇게 좋아하는 이유는
완벽한 스코어나 멋진 샷 때문이 아닐지도 모릅니다.
사실, 좋은 스코어나 나이스 샷은
백순이인 나에게 자주 기대하기는 어렵거든요.

즐거운 이유를 찾아볼까요?
나이스 샷, 좋은 친구, 아름다운 경치?
아니면, 골프장 페어웨이를 걸어가는 그 느낌?
Remy de Gourmont의 詩 '落葉'에 나오는,
"시몬, 너는 좋으냐, 낙엽 밟는 발자국 소리가?"를 살짝 바꿔서,
"백순, 너는 좋으냐, 페어웨이 잔디 밟는 발자국 느낌이?"로
읊어볼까요?

05

골프장에서 멋지게 보일 나를 그려 보며, 걸맞는 옷과 클럽을 챙긴다.

ゴルフ場でのカッコいい自分を想像してみてピッタリ合う 服やクラブを準備する。

Pack golf wears and clubs while picturing myself looking wonderful on the golf course.

누구나 남들에게 멋지게 보이고 싶은 마음이 있습니다.

동반자에게도 그리고, 나 자신에게도 말이죠.

훌륭한 골프장에

서 있는 나 자신을 상상해 볼까요?

어떤 모자가 '나'스러울지,
어떤 옷, 색깔이
나에게 어울릴지 등등.
이런저런 골프 기대로
마음이 흥분됩니다.

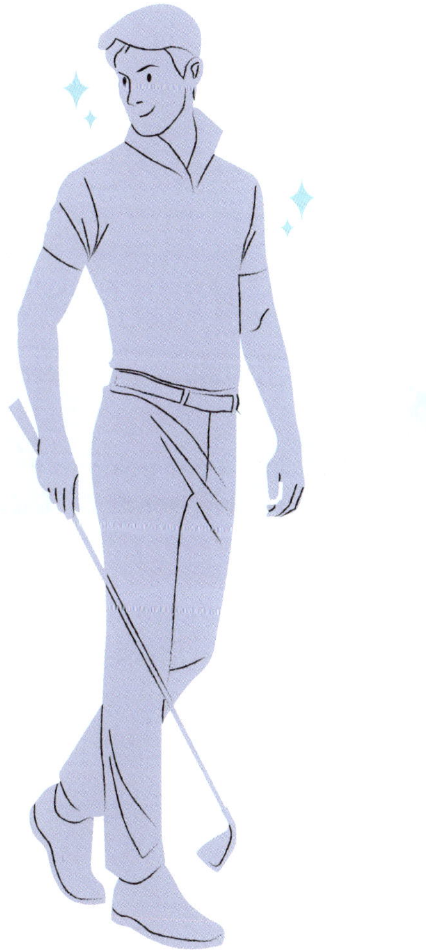

06

골프장 가는 차 안에서 오늘 골프장에서 있을 좋은 일을 상상하며 미소 짓는다.

ゴルフ場に向かう車の中で今日のゴルフ場で起こる良いことを想像をしながら微笑む。

In the car going to the golf course, I picture myself feeling wonderful today and then, smile.

긍정적인 마음은 긍정적인 결과를,
즐거운 상상은 즐거운 미소를
떠오르게 할 겁니다.
샷도 물론 잘 되고요.

‘프로는 본 대로, 고수는 친 대로,
하수는 걱정한 대로 공이 간다’는 말이 있습니다.
나는 긍정한다, 나 자신을.
The positive mind.

07

골프 시작 전에 가벼운 체조로 내 모든 관절과 부드럽게 인사한다.

ゴルフを始める前に、軽い体操で私の関節と優しく挨拶する。

Before starting golf, I gently greet all my joints with light exercise.

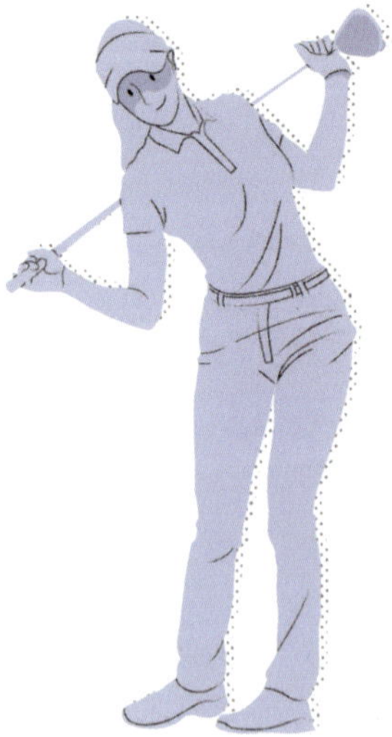

골프 칠 설렘에
잠도 충분히 못 자고,
프로 선수가 아니어서
근력도 운동신경도
떨어지는 우리가
장시간 운전 뒤에
갑자기 크게 몸을 뒤틀며
빠른 스윙을 한다고
생각해 보세요.

내 몸이, 내 뼈마디들이
적절히 협력해
작동할 수 있을까요?
골프 시작 전에
가벼운 체조로
내 모든 관절과
부드럽게 인사하는 것이
좋겠습니다.

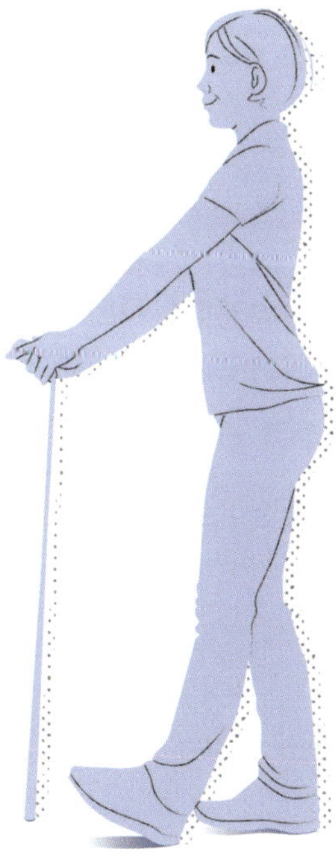

08

여성 모두가 골프장에서 나비가 되고 꽃이 된다.

女性はゴルフ場で蝶になり花になりたい。

Ladies want to be the butterflies and flowers on the golf course.

젊은이부터 중년 그리고 노인 부부까지
모두 골프장에서 만나볼 수 있어요.
옷차림을 보세요.
골프 옷과 모자도, 모두요.
다양합니다.
멋있지요?

마음은 나이와 관계없이
모두 봄인 듯해요.
골프장은 모두 멋있어지는 곳입니다.
잔뜩 뽐내면서
더 즐겁게 골프를 즐겨봅시다.

09

골프 모자에서 그 사람의 특성이 드러난다.

ゴルフ帽子がその男の特性を明らかにする。

I can catch a glimpse of someone's inside, by watching his cap.

골프를 정말 좋아하는 사람은
아주 멋진, 정말 완벽한
티 샷을 치고 싶은 마음이 강해요.
그런데 그런 멋진 샷이
마음대로 나오기가 쉽지 않지요.
모자를 한번 보세요.
보통 야구 모자 같지만 조금씩 다릅니다.

누구는 Titleist 로고, 잘 치는 사람일지도요.
누구는 바이저,
머리카락을 시원하게 꺼내뒀네요.
검정 모자, 과묵할지도 몰라요.
노란 모자나 빨간 모자는 즐거운 분위기?
그날 쓴 모자에 따라
그 사람의 마음이 드러나는 걸지도.
참, 나이키 모자의 저 끊임없는 인기는
타이거 우즈 때문일까요?

10

골프와 운전은
파트너가 아닌 코치에게서 배운다.

ゴルフと運転は夫ではなくコーチから学ぶ。

Golf and driving should be taught by the coach, not by my darling.

설명이 필요한가요?

남편이나 아내는

전문가나 프로가 아닙니다.

그러니 선생으로서 능력도 의문스러워요.

비용을 지불하고
전문가에게 배웁시다.
그러면 실력이 늘 것입니다,
싸움도 피하고요.
전문가에게 조언을 구하는 데는
이유가 있답니다.

11

골프장은 엄청 큰 운동장이고 단 한 곳도 같은 타석이 없다.

ゴルフ場はとても大きな運動場であり、ただの一箇所も同じ打席がない。

Golf course is a huge playground, and there are no two same spots for shot.

탁구장, 테니스장은 넓이가 아담하죠.

위치에 따라 할 샷이 어느 정도 정해지기도 하구요.

라켓은 하나면 돼요. 골프장은 어떤가요?

보통 27만 평이라고 해요. 어머어마한 넓이죠.

18홀을 계속 전진하지요.

같은 자리가 하나도 없어요.

오르막, 내리막, 짧고, 길고, 클럽은 열네 자루.

상황이 무궁무진하지요?

매번 새로운 전략이 필요해요.

그만큼 다이내믹해서 재미 있어요.

12

앞 팀 매너 우리가 탓할 때,
우리 팀 매너 뒤 팀이 탓하네.

前のチームのマナーを責める時、私たちのマナーも後のチームに責められる。

When we blame the manners of the front team, the team behind blames ours.

앞 팀에는 마음에 들지 않는 골퍼가 있기 마련입니다.

서투른 사람도 있고 실수 샷도 있고

내기를 할 수도 있고 예의가 없는 분도 계시구요.

그런데 또 보면 잘 치는 분도 있고 멋진 샷을 하기도 하고,

품위 있는 분도 계세요. 그거 아시나요?

우리 팀도 그렇답니다.

'앞 팀 좋아하는 뒤 팀 없다'고도 하지요.

골프가 禮를 중시하는 운동이어서
인격이 잘 드러나기도 해요.
인격이 훌륭한,
그리고 즐거운 동반자가 되어 볼까요?

13

골프장에서는 지금 바로 스윙할 사람이 맨 앞에 서 있다. 그 앞으로 나서는 것은 예의가 아니다.

ゴルフ場では今すぐスイングする人が一番前に立っている。その 前に出るのは礼儀ではない。

On the course, the player who will hit now is standing in the front. I should not step ahead.

스윙할 사람은 앞에 타겟과 공만 놓여 있어야
마음 편히 샷을 디자인하고 공을 칠 수 있어요.
그 앞에 누군가 서 있다면
시야가 어색하고 마음이 불편해집니다.
플레이어의 시야를 방해하지 않고 조용히 있는 것이
동반자가 보일 예의이지요.

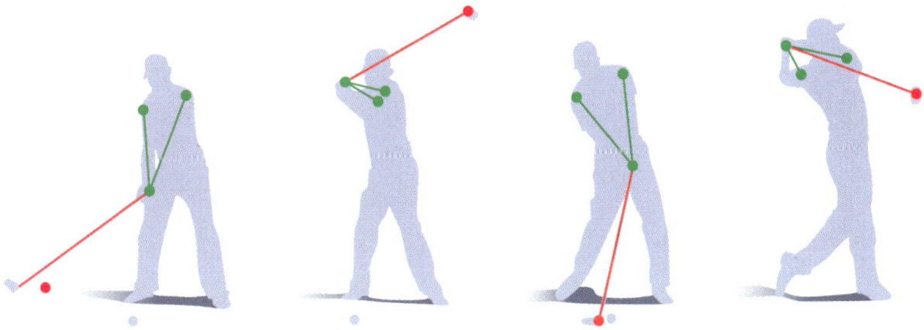

또, 앞에 있다가 플레이어가 친 공에 맞아
다칠 수도 있어요.
오른쪽 앞은 특히 더 그래요.
실수는 슬라이스 쪽이 많기든요.
종종 일어나는가 봐요.
골프는 매너의 스포츠랍니다.

14

타겟을 바라본다. 생각한다.
그리고 샷을 한다.

ターゲットを見てそして 考えてそしてショットする。

Look at the target, then think and then make my shot.

골프는 동적이기보다는 정적인 운동입니다.
생각하고 생각하는.
갈 곳을 바라보고, 공을 바라보고, 전략을 세우고,
그리고 샷을 하지요.

“Cogito Ergo Sum,
나는 생각한다. 고로 존재한다.”가 아니라
‘Cogito Golf Sum’인가요?
‘Look, think, and then shot’.
물론, 샷을 할 때는 주저함 없이.

15

셋업할 때 등을 쫘악 편다.

セットアップするときは背中を伸ばす。

Spread my wings wide when I do my set-up.

등을 쫘악 편다.
그래야 스윙 축이 똑바로 서고,
몸 회전이 자연스러워지며
마음도 넓어지므로.
사람은 긴장하고 위축됐을 때
등이 앞으로 구부러지고
어깨가 가운데로 모아져요.
노인처럼도 보이죠.
그 자세가 척추와 어깨 건강에
나쁘다고 하네요.

자, 등을 넓게 펴봅니다.
거기에 하나 더한다면,
엉덩이를 조금 뒤로 내빌어요.
이러면 錦上添花 set up.

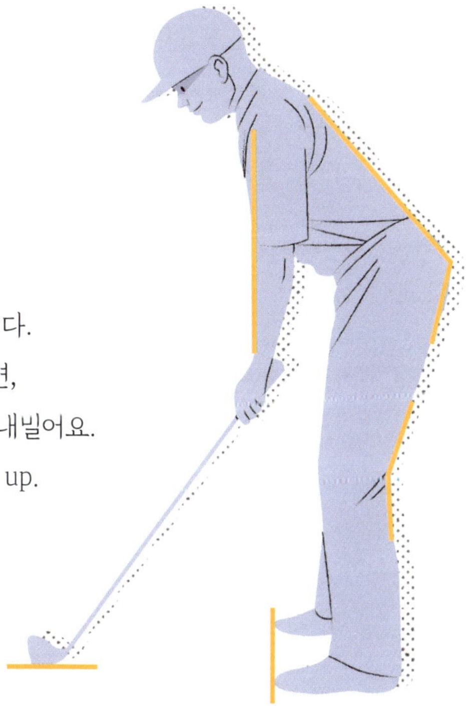

16

스윙 전에 언제나 웨글을 한다.
웨글은 연습 스윙이고
몸의 긴장을 풀어준다.

スイング前にいつもウェグルする。ウェグルが練習スイングで、体の緊張をほぐしてくれる。

I do waggle before every swing. The waggle is a small practice, easing my tension.

손으로 클럽을
약간 흔들어주고,
또 발과 엉덩이까지도
웨글을 합시다.

뒤에서 보면 웨글하는 모습이
약간 우스워 보이기도 하지만
웨글만큼 내 몸의 긴장을 풀어주고
셋업을 확실히 다지는
준비 자세도 없을 거예요.
웨글을 해야겠어요.
긴장을 낮추고 스윙 리듬이
좋아지도록 말이에요.

17

스윙은 정수리부터 꼬리뼈까지, 척추 축을 고정시키고 회전한다.

スイングは頭のてっぺんから尾骨まで、脊椎の軸を固定させて回転させる。

When I swing, I keep my spine straight, from crown to tailbone to make the axis.

머리끝 정수리부터 목, 등, 허리
그리고 꼬리뼈까지가
우리 몸의 軸입니다.
이것이 똑바로 일직선이 되어야
걸음걸이가 곧아지고
몸이 똑바르게 아름다워 보입니다.

같은 이유로,
이 바른 축을 중심으로
몸을 회전시켜
원심력을 일으키는 거지요.
참, 원심력은 존재하지 않죠,
구심력이 있는 것이고!

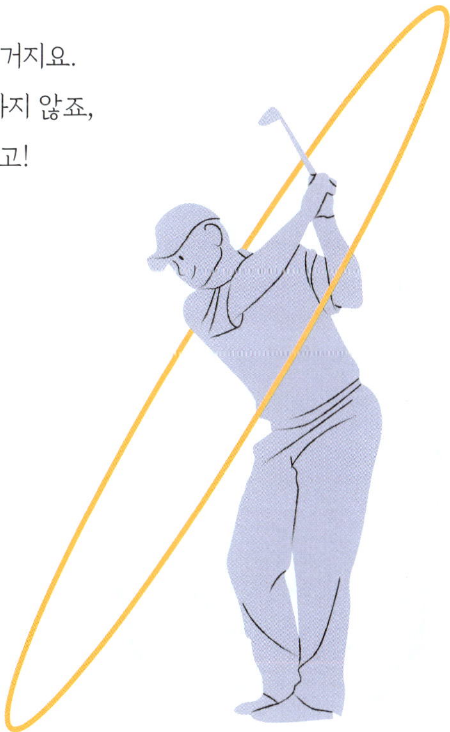

18

백스윙 탑에서 헤드와 샤프트를 잠시 바라보는 여유를 갖는다.

バックスイングのトップからヘッドとシャフトをしばらく眺める余裕を持つ。

I take a moment to look at the club head, and shaft line at the top.

탑에서 1초 쉬었다가
내려오라고들 말합니다.
클럽이 흔들리지 않게 말이에요.
그뿐인가요?
헤드의 위치와 샤프트의 방향을
내 눈으로 확인하는 건
샷의 일관성을 좋아지게 하지요.
백 스윙 탑은 stop sign이랍니다.

내 손은
오른쪽 귀 옆에 있고,
샤프트는 타겟을 향하지요?
살짝 탑에서
곁눈질로 확인합니다.
이게 되면,
거의 반은 왔어요.

19

나에게는
맘 편한 클럽이 하나 이상 있다.

私には、自分にピッタリ合ったクラブが1つ以上ある。

I have more than one club, which always make me comfortable.

가족 중에도 더 편한 사람이 있어요.
친구 중에도 그런 행복한 친구가 있고요.
골프 클럽 중에도 있을 겁니다.
언제나 자신 있게 칠 수 있는
클럽 말이에요.

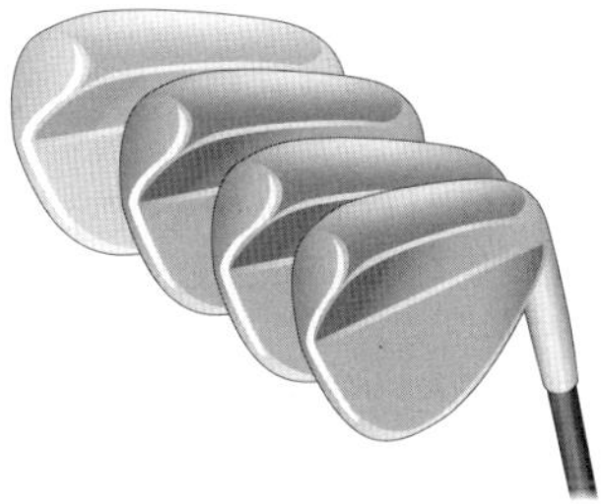

'조자룡 헌 칼 쓰듯' 쓰는 클럽.

5우드나 5유틸리티, 7번 아이언 같은 내 친구.

나는 이 셋 중에서 하나,

어쩌면 그 이상을 즐겨 씁니다.

20

스윙에서 중요한 것은, 스윙 궤도/플레인이다.

スイングで重要なのは、スイングプレーンだ。

What is the most important thing in golf swing? That's the swing arc, the swing plane.

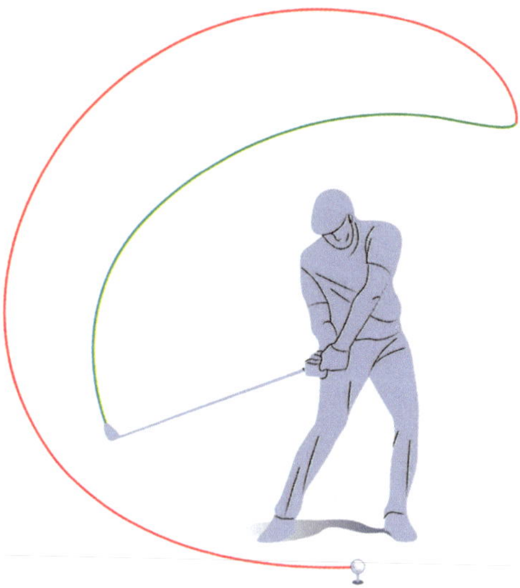

골프 클럽의 스펙,
그립이나 셋업 모두
중요합니다.
어느 것 하나
중요하지 않은 게 없어요.

그런데 나, 백돌이가
골프 발전을 도모하려면
스윙 플레인이, 헤드의 스윙 궤도가
일정하게 안정되어야
골프의 발전도 이루어집니다.
어떻게? 똑바로.

21

스윙 때 왼발, 왼 무릎이 지나치게 고정되면, 나이 들어 무릎이 아프다.

スイングするとき左足、左膝が固定されすぎると、年をとって膝が痛くなる。

If the left foot and knee are fixed too completely while in swing, the knee hurts when I am old.

안정된 스윙의 기본은
왼쪽 고정입니다.
그래야 축이 자연스럽게
원심력을 이용하지요.
그런데 왼 다리가
오랫동안 고정되면
무릎 관절에 좋지 않다고 해요.

무릎은
구부리고 펴기만 하라고
만들어졌는데
어깨처럼 돌리면
정상 관절이 뒤틀리겠죠?
그러니 약간씩,
종종 풀어주는 것이
좋겠습니다.

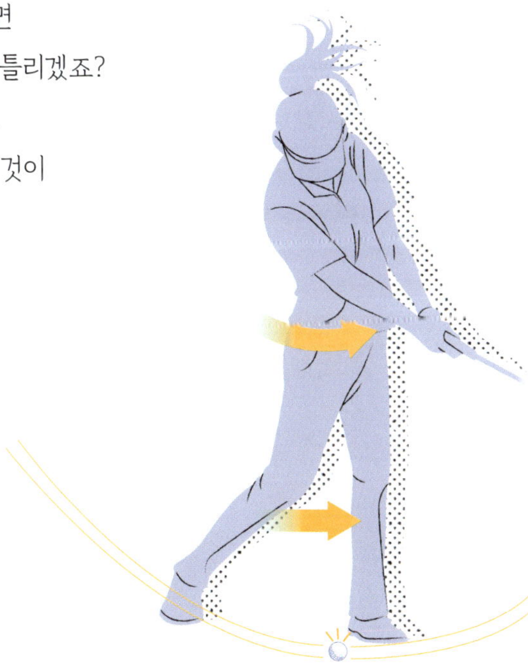

22

골프 샷은 대개 다운 블로우 샷, 백 스핀 샷이고 드라이버와 퍼터는 어퍼 블로우 샷이다.

ゴルフショットは通常ダウンブローショット、バックスピンショットで、ドライバーとパターはアッパーブローショットだ。

Golf shots are usually down-blow shots with back spin. Driver and putter are upper-blow.

클럽마다 스윙 궤도는
약간의 차이만 있고
기본 원리는 같습니다.
공과 페이스가 만나는
임팩트 순간에 나타나는 차이.

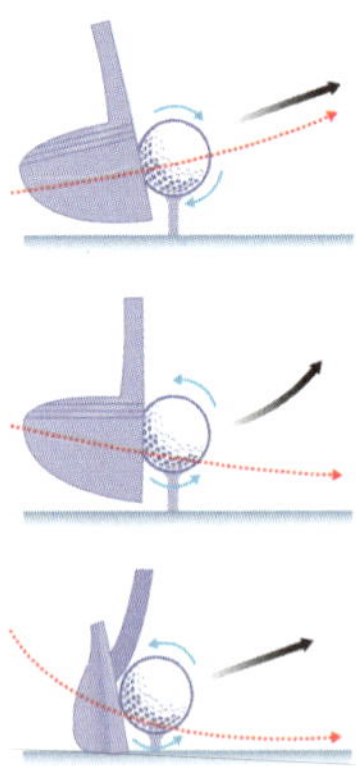

아이언, 웨지, 우드는
클럽이 내려오면서
공의 뒤통수를
아래로 내려친답니다.
그걸로 백 스핀이 생기지요.

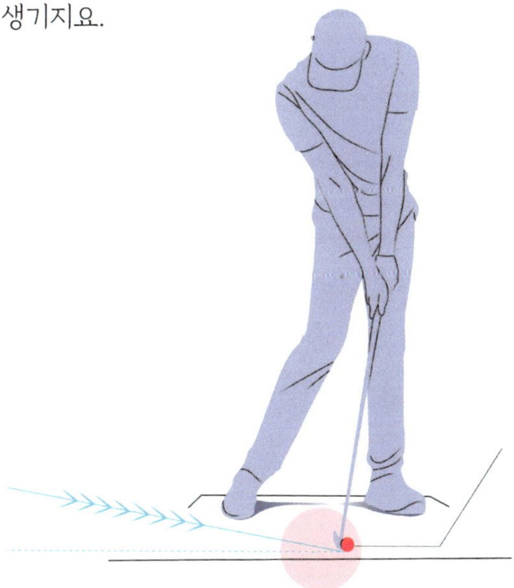

23

골프 공 피스의 의미를 알고 공을 골라 쓴다면, 나는 진정한 골퍼다.

ゴルフボール ピースの意味を知り、ボールを選んでショットをするなら、私は本当のゴルファーだ。

If I know the effect of golf ball's piece on the shot, I am a true golfer.

그린에 공을 올릴 때
백 스핀이 크면 좋겠다는 사람은
3 또는 4피스 공이 좋지요.
2피스 공은 멀리 굴러간다고 하고요.

자신의 용도에 맞게
공을 골라 쓴다는 것은
자신의 샷이 어떤지, 어떤 샷을 구사할지
잘 안다는 뜻이죠.
그런 사람은 이미 고수입니다.
나, 백순이는 공 피스 숫자에
신경 쓰지 않아도 좋습니다.
내 공의 용도는 백 스핀도 아니고,
멀리 가는 것도 아니고
'똑바로' 가는 것이니까요.

24

피니시가 아름다워야 공이 똑바로 날아간다.

フィニッシュが美しい ボールがまっすぐに飛ぶ。

A good finish makes the ball fly straight.

피니시가 좋아야
공이 직선 방향으로 나아갑니다.
다운에 내려온 것 이상으로
피니시가 올라가주어야
똑바로 뻗어가지요.
당연히, 멀리 갑니다.

스윙 마지막에
몸이 휘청거렸거나
머리가 앞으로 이동했는데도
공이 똑바로 날아갔다면
운이 좋았던 것입니다.
나의 피니시가 좋다면,
어후, 진짜 실력이 많이 좋아진 겁니다.
어, 이러다가
백돌이 벗어나겠네요.
나는 간나.
똑바로.

25

임팩트 순간마다 공과 클럽 페이스의 관계를 상상해본다.

インパクトの瞬間ごとにボールとフェイスの関係を想像してみる。

Imagine the relation between the ball and the club face at every impact.

프로 선수들은 날아가는
자기 공의 순간 모습을 안다고 합니다.
어떤 궤도로 스윙했는지,
어떻게 임팩트가 들어갔는지,
어떤 스핀으로 날아가는지.

당연히 골프 실력이 발전하겠죠?

여기서 중요한 것은

스퀘어로 임팩트하는 겁니다.

26

탑에서 임팩트까지 나의 스윙을 뒤에서 바라보는 상상을 한다.

トップからインパクトまで 自分 のスイングを後ろから眺める想像する。

Imagine that I am watching myself from the top to the impact, from behind.

내 스윙을
잘 알아보는 사람은 코치입니다.
그렇지만
나 또한 나를 알아야 하죠.
거울이나 유리, 카메라, 핸드폰을
이용해 봅시다.

실제 내 스윙 모습을 알아야
발전할 수 있어요.
앞뒤뿐 아니라 양쪽 옆까지도
확인할 수 있다면 더없이 좋아요.
"어어, 생각보다 내 스윙 플레인이 괜찮네."

27

골프 스윙에서 나의 파워는 최고치의 70%가 알맞다.

ゴルフスイングで私のパワーは最高値の70%が適している。

Typical power of my swing should be 70% of my maximum.

타이거 우즈가 한 말이랍니다.
실제로 그는 그렇게 하죠.
최대치의 힘은 자주 쓰기도 어렵지만
계속되면 몸에 무리가 옵니다.
100%의 파워와 스피드는
저축해두도록 해요.
'Do my best'는 꼭 필요한 순간,
가끔 하는 게 좋겠습니다.

70%

28

샤프트 그립은 부드럽게, 그러나 견고하게 잡는다.

シャフトグリップは柔らかく、しっかりと 握る。

I should grip, soft but firm.

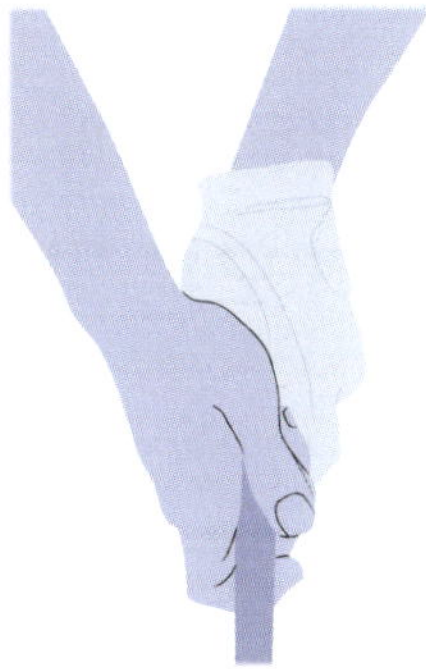

그립을 부드럽고 고르게 잡는 것이
견고한 자세랍니다.
너무 세게 잡으면
어깨가 뻣뻣하게 굳을지도 몰라요.
스윙도 마찬가지로 딱딱해지고요.
그러면 릴리스가 잘 안 될 수도 있죠.
그립은 부드럽게,
그리고 견고하게 해야 합니다.
오른쪽 3, 4번 그리고 왼쪽 3, 4, 5번 손가락이
협동하는 것이 중요해요.

29

임팩트 때에 나의 오른 팔꿈치는 펴져 있다.

インパクトの時に私の右肘は伸びている。

At the impact, my right elbow is fully extended.

팔이 펴져야만 임팩트 때
스퀘어로 공과 만나게 되고,
이것은 사이드 스핀이 적다는 것을
말해줍니다.

이거 진짜 중요한 얘기예요.

그래야 공이 '똑바로' 갑니다.

30

키, 체력이 상위 1/3인 여성은, 일본 남성용 R 플렉스 클럽도 좋다.

身長、体力が上位1/3の女性は、日本の男性用Rフレックスクラブも良い。

For a woman who is the upper 1/3 in height and power, Japan spec of R-Flex club will be adequate.

남자는 스윙 스피드에 따라
S, SR, R, A로 클럽 샤프트 강도인
플렉스에 단계가 있습니다.

여자 클럽은
오로지 L(또는 W, lady or woman)만 있죠.
여성도 사람마다
스피드와 체격이 다른데 말입니다.
체력이 좋고 스윙이 빠른 여성은 여성용에
묶여 있지 않아도 좋답니다.

31

한 가지 클럽으로 지속하여 연습하면 내 왼 팔꿈치가 슬퍼진다.

1つのクラブだけを継続して練習すると、私の左肘が悲しくなる

A repeated same club swing with same pattern would make my elbow sad.

연습장이나 스크린 골프장에서
7번 아이언 하나로
공 100개를 쳐 봅니다.
실력이 늘까요? 그럴지도 모르죠.
내 팔꿈치는 어떨까요?
'깐 데 또 까'라는 말이 있습니다.
권투에서 상대를 괴롭히는 방법이죠.
반복해서 한 가지 동작을 하는 것.
골프에서도 마찬가지예요.

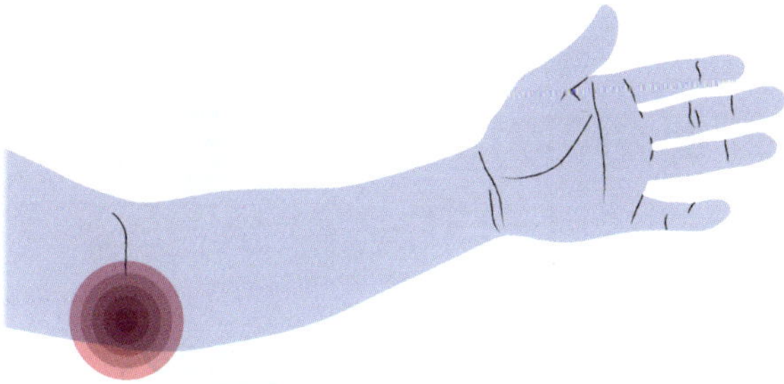

내 팔꿈치가 골퍼 엘보우나
테니스 엘보우를 호소할 수 있습니다.
다양한 클럽으로 다양한 샷을 섞어 연습하면
관절이 고마워할 거예요.

32

캐비티 백 아이언은 가볍고, 헤드가 크고, 관성 모멘트도 커서 치기 쉽다.

キャビティバックアイアンは軽く、ヘッドが大きく、慣性モメントも大 きくて打ちやすい。

The cavity back iron is light, has large head, and large MOI and makes the ball fly easy.

헤드가 비었으니 가볍고,
헤드가 크니 공치기에
마음이 편합니다.
그러니 백돌이에게
즐거운 클럽이 되지요.

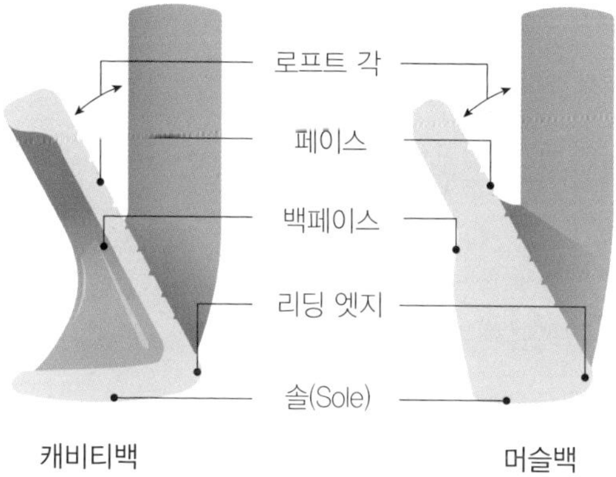

▲ 헤드 단면으로 본 캐비티백과 머슬백

반면 머슬 백은 속이 꽉 차서 무거운데
헤드는 작아서 공 맞추기가 어려워요.
MOI(관성 모멘트)가 큰 클럽이 좋아요.
다른 말로 하면,
손맛이 좋은 클럽보다 관용성이 좋은 클럽.

33

유틸리티는 유용하다. 아이언보다 멀리 보내고, 우드보다 실수가 적다.

ユーティリティは便利です。アイアンよりも遠く送り、ウッドより間違いが少ない。

The utility club is useful. It goes farther than irons and helps make less mistakes than woods.

유틸리티 클럽은 우드와 아이언을

더한 형태입니다.

그래서 하이브리드 클럽이라고도 불러요.

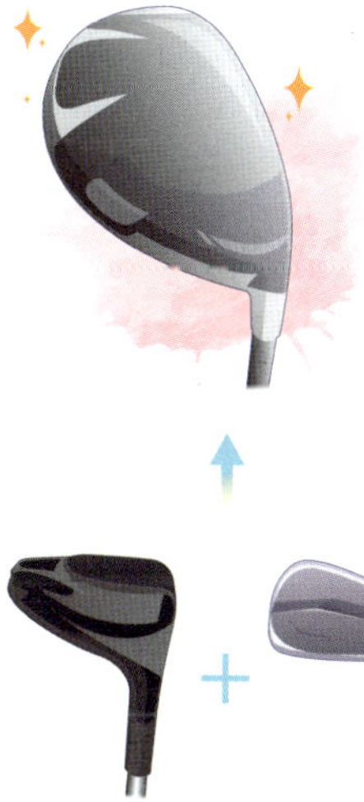

우드의 장점이 멀리 가는 것이고
아이언의 장점은 정확성이라는데,
이 둘을 더했으니 유용(utility)하겠죠.
물론 우드나 아이언을 잘 쓰는 골퍼에게는
상관없는 이야기랍니다.

34

높이 뜨는 공이 멀리 간다.

高く飛び上がるボールが遠くへ行く。

A ball flying high goes far.

백순씨는 대체로
스윙 스피드가 느릴 겁니다.
드라이버 샷에 런이 별로 없죠.
많이 날아가야 하는데.
그렇게 하려면 공이 높이 떠야 해요.
런칭 앵글도 높아야 하고요.
스피드가 빠른 프로는 이와는 조금 다릅니다.
로프트가 높은 클럽도
비거리를 늘리는 방법 중 하나예요.

'갈매기의 꿈'에 나오는
"높이 나는 갈매기가 멀리 본다."가
왠지 떠오르네요.

35

그린에 세 번 적중하면 90, 여덟 번이면 80 정도 스코어가 된다.

3回グリーンヒットすると90、8回すると80のスコアになる。

Hit three greens, then I'll get score of 90, and eight greens, 80.

통계에 따르면 그렇답니다.

스코어를 대변하는 제일 정확한 것은,

퍼팅 수가 아니고

페어웨이 안착률도 아닌

그린 적중률이라고 합니다.

3 ➔ Bogey player
8 ➔ Single

세 번을 그린에 적중시키면
보기 플레이어가 되고
여덟 번 올리면 싱글 핸디캐퍼가 된다고.
그러면 백돌이는 몇 번이나 올릴까요?
자, 그럼, 파 온 세 번부터 시작합시다, 까이꺼!

36

좋아하는 골퍼의 스윙을 따라 한다.

好きなゴルファーのスイングを真似る。

Imitate the swing of my favorite golfer.

누구를 좋아하나요?

타이거 우즈, 아니면 저스틴 토마스?

여자 선수는 전인지?

아니요, 박인비.

그래요? 그러면 그 선수의 스윙 폼을 잘 아시겠네요.

물론이죠.

네, 그러면 다 되었군요. 그 선수를 따라 해봅시다!

보고 또 보고 자꾸자꾸 폼을 흉내 내보죠.

침대에서 잠을 청할 때에도 따라 해보는 거예요.

image swing, imitation swing.

내 스윙이 그를 닮아갑니다.

피카소가 이렇게 말하기를,

“Good artists copy, great artists steal”.

베끼는 정도가 아니라

훔쳐 볼까요?

37

첫 티 샷이 염려된다면, 느긋하게 1번 홀 경치를 눈으로 즐긴다.

最初のショットが心配なら、ゆっくりと1番ホールの景色を目で楽しむ。

If first tee shot is worrisome, slowly enjoy the scenery of the course.

누구나 첫 홀 티 샷은
부담이 된다고 합니다.
골프 잘 치는 내 친구도
그렇다고 하네요.
뒤에 두 팀이나 기다리면서
나를 바라본다면
신경 쓰이기 마련이지요.
그럴 때는 아름다운 1번 홀 경치를
감상하고 자연을 느끼면서,
흥분 중인 교감신경을 차분하게 달래 볼까요?

그거 아세요?
뒤 팀에는
나보다 더 긴장한 사람이 있다는 것.
John Denver의
'Sunshine on my shoulder'를 들으며
햇살을 나의 온 어깨에
얹어봅니다.

38

티가 높을수록 공은 멀리 간다.

ティーが高いほど遠くまで飛ぶ。

“Tee it high and let it fly.”

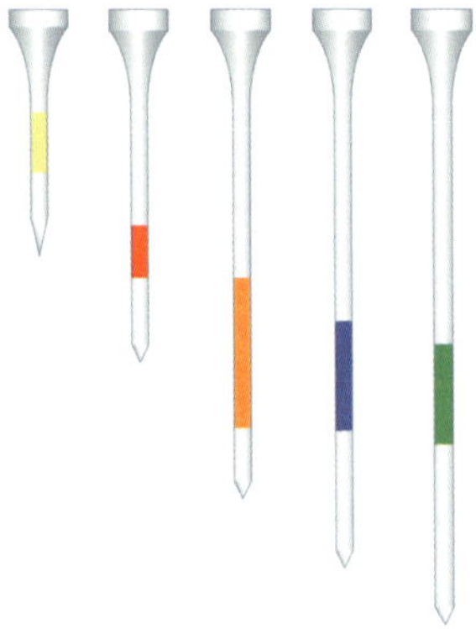

PGA 프로에게는
이 말이 크게 의미가 없습니다.
그러나 스윙 스피드가
느린 백순씨에게는
차이가 있어요.
달리는(run, roll) 힘이 적기 때문에
날아가는(carry) 것이
전체 거리(distance)의 대부분이라는 거죠.

날아가려면
드라이버 로프트 10보다는 12가,
12보다는 14가 좋고,
같은 이치로 높은 티가 괜찮아요.
그러면 런칭 앵글이 높아지니까요.

39

드라이버 티 샷의 목표는 멋진 샷보다는 페어웨이 안착이다.

ドライバーショットの目標は、クールなショットよりフェアウェイに安着する。

The goal of driver shot is to land on the fairway rather than to make a beautiful one.

드라이버 티 샷은 어려운 샷입니다.

샷이 항상 일정하고

쓰는 땅도 제일 크고 넓은데도 말이죠.

슬라이스나 훅이 눈에 띄는 것은 공에 미치는

사이드 스핀 효과가 크기 때문입니다.

사이드 스핀 효과가 엄청나다는 것을 안다면,
멀리 보내는 것보다
페어웨이 착륙으로 목표를 가볍게 두는 것이
마음에 좋답니다.

40

드라이버 샷이 슬라이스 OB가 난 것은, 내가 서둘렀기 때문이다.

ドライバーショットがスライスOBになったのは私が急いだからだ。

The reason my driver shot got a slice OB was that I was in a hurry.

내 티 샷이 슬라이스가 나더니
급기야 끝에서 엄청 휘며
숲으로 사라져 버렸습니다.
어제 연습할 때만 해도
똑바로 잘 가더니.
섭섭합니다.
한번, 캐디에게 물어볼까요?

그녀는 잘 보았습니다, 내가 급하게 스윙했다는 것을.

클럽을 엎어서 쳤다는군요.

Over the top swing이었어요.

마음처럼 몸도 바빴나 봅니다.

다시 한번, 다짐해 봅니다.

탑에서 잠시 쉰다.

머무른다.

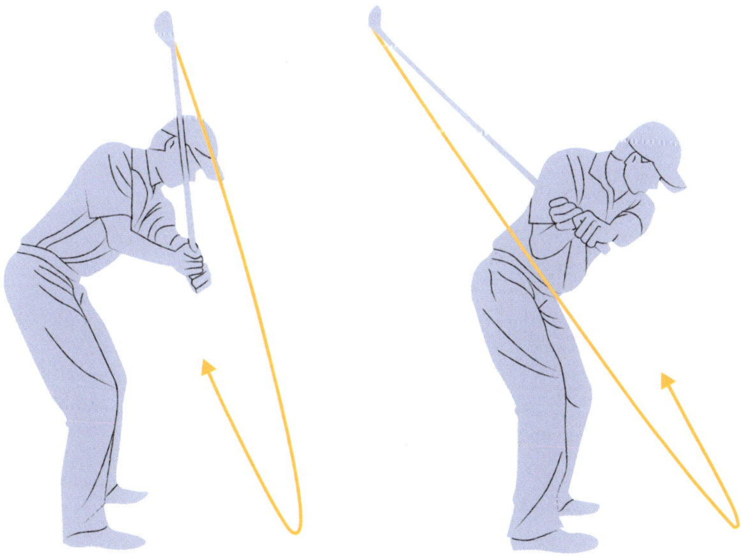

41

드라이버 샷은
나의 사이드 스핀 정도를 드러낸다.

ドライバーショットは私のサイドスピンがどれぐらいなのかを明らかにする。

The driver shot reveals how much side spin I have given to the ball.

사이드 스핀은 멋진 기술입니다.

축구에서, 야구에서, 모든 구기 종목에서.

그런데 아마추어 골프에서는 적을수록 좋아요.

물론 타이거 우즈처럼 의도적으로 페이드

그리고 드로우라는 이름의 사이드 스핀을 구사하는

PGA 선수들도 많지요.

임팩트 직전에 똑바로 들어오면 좋은데
슬라이스는 오른쪽에서,
혹은 왼쪽에서 페이스가 들어왔다는 증거예요.
손흥민이 차는 사이드 스핀 축구공은
멋지게 골인이 되는데,
내 사이드 스핀은 왜 OB가 되어야 하는지.

42

멀리건 티 샷은 좀 더 좀 더 천천히 "안단테, 안단테"하면서 친다.

マリガンショットはもっともっとゆっくりと"アンダンテアンダンテ" つぶやきながら打つ。

Hit the mulligan shot in a calm mind, murmuring "Andante, Andante".

OB가 난 것은 사이드 스핀이 컸기 때문입니다.
마음의 여유가 적어서일 수도 있어요.
OB가 나면 오기가 나죠.
그렇다고 종전과 같은 급한 마음으로
티 샷을 허겁지겁 이으면
어떻게 될까요?
애꿎은 새 공 두 개를
잃어버리죠.

경치를 바라보고

마음 템포를 늦춰 보세요.

ABBA의 명곡

'Andante, Andante'를 부르면서.

43

아이언은 잘 맞는데 드라이버가 안 맞는다. 스윙 점검이 필요할 때다.

アイアンはよく当たるがドライバーが 当たらない。それは点検が必要な時だ。

The iron shot is good, but the driver shot isn't. It's time to check my swing.

아이언 샷과 드라이버 샷은
전혀 다른 샷처럼 보이지만
기본 스윙 궤도와 치는 원리는 같습니다.
디센딩 블로우와 어센딩 블로우여서
다르다고도 하지만 말입니다.

결과가 다르다면 둘 중 한 가지 샷에서
내가 못 느끼는 무언가,
무난하지 않은 과정이 있을지도 모르죠.
코치 선생님은 금방 알아차릴 거예요.
아, 반대도 있어요. 드라이버만 잘 되는 경우.

44

한 번에 한 샷만 집중한다.

一度に1ショットだけ、集中する。

“One shot at a time.”

수학 시간에는 수학을 하고,
영어 시간에는 영어 공부를 합니다.
일단, 지금은 이 샷에 집중합니다.
다음 샷은 다음에 생각해 보기로 합니다.
“한 타, 한 타, 따박, 따박”.

The key to golf

IS PLAYING ONE SHOT AT A TIME

The key to life

IS LIVING IN THE MOMENT

– Morris Pickens.

명상에서 많이 얘기하는
'Here and now,
지금 여기'.

45

체중 이동이 잘못되면 결과가 다양하게 나빠진다.

体重の移動が間違っていると、いろいろと結果が悪くなる。

Incorrect weight shifting will lead to varying results.

스윙은 선 자리에서 축을 중심으로 하는 회전 운동입니다.
백 스윙에 오른발, 다운 스윙 때 왼발에 중심이 오는 것을
체중 이동이라고 하는데,
그것은 회전 운동 안에 포함이 되는 거라서 회전을 잘 한다면
특별히 의미는 없습니다.
비거리를 늘리려 우드 샷에서 체중 이동을 한다는 건 오해 같아요.
몸의 右左 이동(body shift)으로 잘못 이해하는 건지도 모르죠.
스윙 중 몸이 좌우로 움직이면 샷 정확도가 떨어집니다.
뒤땅 치기, 더프 등등이 되죠. 정확한 히팅, 이것이 먼저.

46

나의 아이언 샤프트는 그래파이트다. 그래서 쉽게 쓴다.

私のアイアンシャフトはカーボンです。だから使いやすい。

Because my iron shaft is graphite, it's easy to handle with.

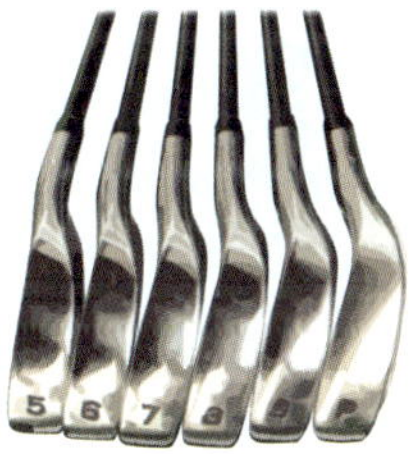

프로용 머슬 백 아이언은
헤드도 무겁지만
쇠로 된 샤프트도
100그램 안팎입니다.
반면 아마추어용 그래파이트 샤프트는
50-80그램 정도이지요.
가벼우니 쓰기 편합니다.
탄성도 있어서 쇠 샤프트보다 약간 멀리 갑니다.
물론, 백순씨 것은 이보다 더 가벼워요.

47

골프장은 절경이다.
나무, 꽃, 잔디 그리고 새들의 지저귐을 즐기자.

ゴルフ場は絶景です。木と花と芝生と鳥の歌を楽しもう。

The golf course gives superb scenery. Let's enjoy trees flowers grass and bird's song.

골프장은 경치가 좋습니다.
자연미와 인공미가 어우러진
수려한 곳이죠.
아름드리 나무는 어떻고 저 화려한 꽃은
또, 넓게 깔린 푸르른 잔디도 아름답지요.
내려다보는 마을 경치도 멋있고요.

거기에다가 오색 딱따구리 소리는 또 얼마나 반가운지.
감탄하면서 즐길 만해요.
"감사합니다, 골프장 관리인 여러분.
이렇게나 멋지게 골프장을 돌보아주셔서."

48

클럽이 열네 자루나 되는 것은 백돌이인 나를 괴롭히기 위함이고, 코치란 직업을 보장하기 위함이다.

クラブが14になるのは１００点の 私を悩みになり、コーチの仕事を保証するためだ。

Why 14 clubs in my bag? To annoy me and to guarantee the coach a job.

클럽이 열네 자루나 되는 운동 경기가 또 있을까요?

어쩌면 골프는 스포츠가 아닐지도 모릅니다.

그래도 너무 재미있어요.

프로는 클럽당 10 m 정도의

거리 차이가 있습니다.

그래서 많이 필요하죠.

나 같은 백순이, 백돌이는 그런 변별력은 대체로 없습니다.

안 쓸 클럽은 과감하게 빼 볼까요?

아이언을 몽땅 빼 보면 어떨까요?
프로 선수도 매번 코치의 지도를 받는다고 하네요.
클럽 수가 많은 것도 이유 중 하나일 거랍니다.

49

골프에서 순발력은
약이기보다 독이기 쉽다.

ゴルフで瞬発力は薬であるより毒になりやすい。

In golf, reflexes are more of poison, than of medicine.

손흥민의 축구를 볼 때
떠오르는 말은 ‘순발력’입니다.
참 빠른 날쌘돌이.
그러나 PGA tour는 어떤가요?
뛰지 않는 운동 경기는 골프가 유일하지요.
가장 날랜 템포가 걷기 정도예요.

한국식 '빨리빨리'는 잊어버리고,
천천히 바라보고, 천천히 생각하고.
그리고 부드럽게 샷을 하면 좋아요.
Rhythmic swing. Andante, andante.

50

선크림을 자주 바른다.

サンクリームをよく塗る。

Apply sun cream frequently.

존경하는 피부과 선생님께서 말씀해주셨답니다.
플레이 도중에 "자주 여러 번 바르라"고.
자외선은 피부를 힘들게 한대요.
차단 지수는 생각만큼
영향이 크지 않을지도 몰라요.
서너 번 정도 자주 발라봅니다.

51

다음 홀은 머리 속에 생각하지 않는다. '지금 여기', 이 홀에 집중한다.

次のホールは頭の中で考えない。「今ここ」に集中。

Let's just focus on "here and now." There is no next hole, just this hole only.

지금 내가 할 샷,
당장에 집중하는 것이 당연하지
무슨 다른 걸 생각하나요?
이 홀에 집중하는 게 좋겠어요.
다음 홀은 다음에 곧 '이 홀'이 될 겁니다.

HERE AND NOW

52

캐디는 나의 담임 선생님이다. 궁금한 것은 캐디에게 묻는다.

キャディは私の担任の先生だ。気になることはキャディに聞く。

Caddy is my teacher. Any questions? Ask her.

캐디는 클럽 보조만
하는 사람이 아닙니다.
상당수 캐디는 골프를 잘 칩니다.
수많은 골퍼를 상대해 보았기 때문에
나 같은 백돌이 코치하는 것은
식은 죽 먹기일지도 모르죠.
골프장 구석구석은 또 얼마나 훤하겠어요?

궁금하면 뭐든 물어보는 게 좋아요.
캐디를 잘 대해주면 곱빼기로
따뜻한 대접을 받는답니다.

53

그린 주변에 풀이 없거나, 프린지(fringe)에서는 텍사스 웨지나 우드도 좋다.

芝生のないグリーン周辺とかフリンジでは、テキサスウェッジやウッドも良い。

Texas wedge or wood are useful on the grass-poor fringes.

짧은 어프로치는
잔디 상황에 따라
다양한 클럽을
쓸 수 있습니다.
웨지뿐 아니라
퍼터를 쓸 수도 있고
잔디가 무성하면 타이거 우즈처럼
우드를 쓰기도 해요.
미들 아이언으로 칩 퍼트를 할 수도 있고요.

54

골프 공은 나의 작은 애인이다.
특히, 어프로치는 부드럽게 샷을 한다.

ゴルフボールは 私の小さい恋人である。特に、アプローチは優しくショットする。

Golf ball is my little sweetie. Little ball, little touch.

골프 공은 가볍습니다.
46그램 이하거든요.
부드럽게 대해주면
스핀도 잘 먹고 방향도 좋습니다.
어프로치는 가볍고 부드럽게.
세게 치면 그린을 가뿐히 넘는
홈런이 될 수도 있어요.

55

그린은 대체로 넓은 곳이 온 그린하기에 안전해요.

グリーンは大体広いところがオングリーンするのに安全だ。

The green is generally safer on the wider side.

컵으로 바로 보내고 싶은 마음이야
모두 같습니다.
그런데 왼쪽 깃발과 나 사이에는
벙커가 입을 벌리고 있어요.
오른쪽에는 벙커도 없고
그린도 넓지만 컵에서는 멉니다.
어떻게 하면 좋을까?
안전 샷인가, 멋진 샷인가,
그것이 문제로다.
햄릿도 고민하겠습니다.

사실, 나 백돌이는 번뇌할 것이 없죠.
Safety first.
그린에, 어디든지, 올라가기만 해도
"굿 샷"이라 칭찬받을 겁니다.

56

벙커 샷은 공 오른쪽의 모래를 치는 뒤땅 샷이다.

バンカーショットはボールの右側に、砂を打つショットだ。

I hit the sand, right side of the ball, not the ball directly.

벙커 샷은 어려울 뿐만 아니라
골프 공의 상황도 매번 다릅니다.
코치들도 비법이 조금씩 다른 것 같고요.
그러나 확실한 것 하나.
공보다 공 하나 오른쪽 모래를
바운스로 쳐서 모래를 퍼내고,
그 모래가 공마저 떠내게 하세요.
모든 샷은 페이스로
골프 공을 직접 치는 데 반해
벙커 샷만 유일하게
뒤땅을 쳐야 한답니다.

57

벙커가 그린에서 좀 떨어져 있을 때에는 GW나 PW로 바꾸어 친다.

バンカーがグリーンから離れているときは、GWやPWに切り替える。

Switch to GW or PW when the bunker is somewhat off the green.

그린 옆에서는 SW를 쓰지만
30 m 떨어져 있으면 GW,
50 m 거리가 있으면
PW로 바꾸어 벙커 샷을 합니다.
샷 하는 요령은 같아요.

58

피니시를 끝까지 해야 벙커를 탈출한다.

フィニッシュを最後まですればバンカーを脱出する。

A complete finish of the bunker shot would get the ball on the green.

벙커 샷은 공 직전의 모래를 웨지의 바운스로 쳐내죠.

그러면 공이 잘 뜹니다.

또 하나, 마지막까지 피니시를 해주어야 모래도 끝까지,

공도 끝까지 떠진답니다.

그리고 똑바로 날아가요.

피니시를 꼭 해줍시다.

59

벙커 샷의 목표는 벙커 탈출이다.

バンカーショットの目標はバンカー脱出だ。

The goal of the bunker shot is to get out of the bunker.

PGA 골프대회를 보면
많은 선수들이 멋지게 벙커에서
공을 쳐서 바로 컵에 넣기도 해요.
신기하죠.
우리는 다른 건 생각하지 않아도 된답니다.
그저 모래를 쳐서 공을 벙커 밖으로,
되도록 그린 위로 올리면 아주 잘한 것이에요.
안전한 방향으로, 톡.

60

그린에 오를 때에는 그린 크기, 굴곡, 경사, 컵과 내 공의 상황 등을 여러 방향에서 살핀다.

グリーンに上がる際には、グリーンの大きさ、曲げ、傾き、カップや球の状況などを複数の方向から調べる。

When going up to the green, observe the green size, undulation, and the situation of the cup and ball from different angles.

그린 상황은 정말 복잡합니다.

캐디의 코치도 중요하고

나의 상황 파악도 중요하죠.

그린마다 크기가 다르고

잔디의 성장 정도 역시 달라요.

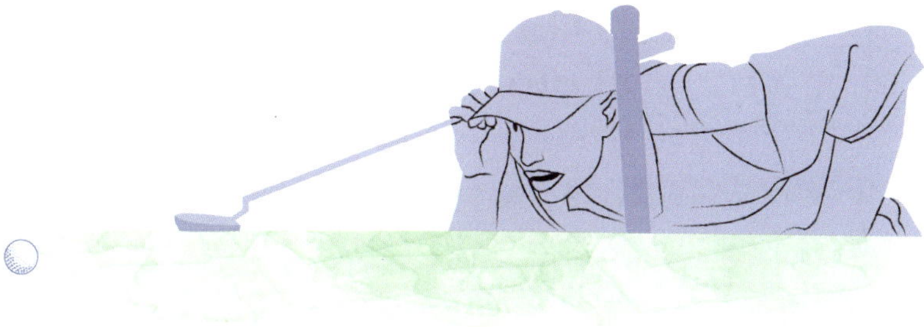

언듈레이션은 또 얼마나 다르며
거리는 얼마인지.
2단 언덕을 올라가야 하나요?
걸어 올라가는 동안에도 둘러보고
올라가서도 관찰하고.

61

퍼터는 디자인이 각각 다르게 세 개 정도는 써 봐야 실력이 는다.

パターは、デザインがそれぞれ 違うものを 3 つぐらいを使うと実力が上がる。

At least, I need putters of three different designs to improve my putting.

퍼터의 세계는 넓어요.

아주 넓어요.

무거운 것(heavy), 덜 무거운 것,

넙적한 것(mallet), 가는 것(standard),

중심 샤프트(center shafted), 뒤 샤프트(heel shafted),

아주 긴 것(long), 짧은 것 등등

종류가 많습니다.

써 보면 좀 더

마음에 드는 게 분명히 있죠.

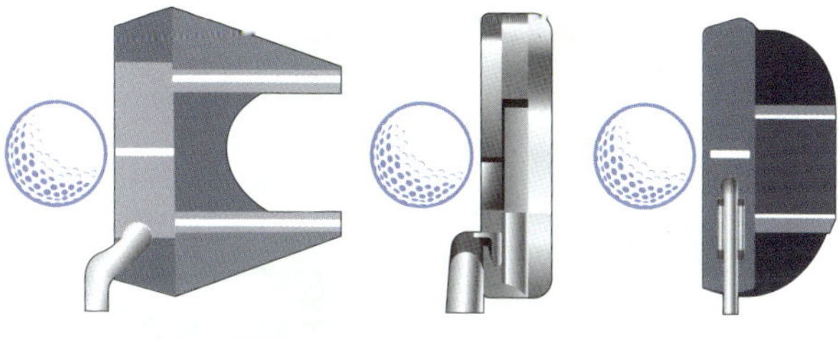

거기에 고무 그립까지도
굵기, 모양, 무게가 다양해요.
그뿐인가요?
그립 잡는 내 손의 모양,
위치마저도 여러 가지가 있어요.
이것 저것 다 써 볼래요.
퍼터 선택의 기준은
똑바로 공을 보내는 것입니다.
똑바로.

62

퍼팅을 해보면,
뉴턴의 중력을 잘 알게 된다.

パットをしてみると、ニュートンの 重力がよく理解できる。

If I putt properly, Newton's gravity is easily understood.

퍼팅 공이 홀 옆으로
살짝 스치고 지나가면 무척 안타깝습니다.
특히 컵 가까운 곳에서
공이 느릴 때 많이 휘죠.
이렇게 가까운 거리에도
경사가 있구나 하고 놀라기도 합니다.
이런 게 지구 중력이에요.

공이 설 때쯤이면 운동 에너시는 거의 사라지고
위치 에너지가 실력을 발휘해요.
그것이 바로 라이/기울기랍니다.

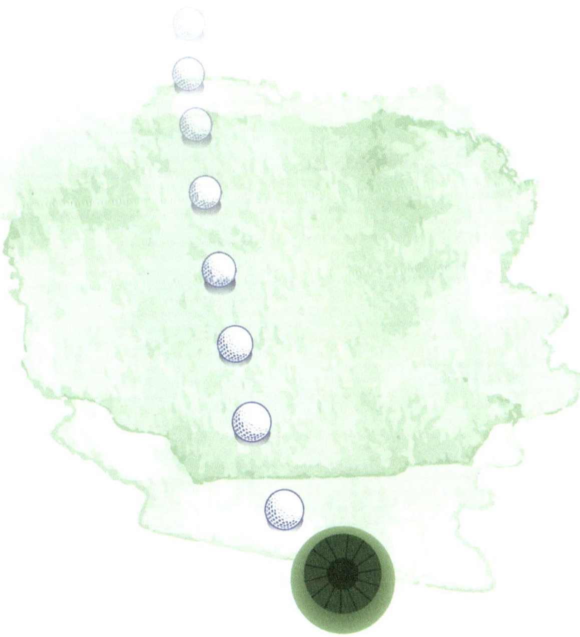

63

홀에 못 미치면,
퍼팅 공은 들어가지 않는다.

ホールに達しないとパットボールは入らない。

“Never up, never in.”

좌우 기울기가 안 맞아도,
속도가 빨라도 컵 인이 어렵지만
거리가 짧은 공은
홀에 다가갈 수조차 없습니다.
不及不入.
컵을 지나가도록 쳐볼까요?

공이 멈출 곳은 컵 지나서
1 m 이내입니다.
컵은 종점이 아니라
공이 굴러가다가 들르는 중간 지점이죠.

64

준비는 신중하게, 퍼팅 스트로크는 단순하게.

準備は慎重に、パットストロークは単純に。

Putt, nice and simple after a very thorough preparation.

PGA 선수들 보셨습니까?
신중하게 또 신중하게
관찰하고
캐디와 상의하고
연습 스윙을 한 뒤,
실제 공은
가볍게 툭 하고
퍼팅합니다.

자, 우리도 부드럽고 가볍게
토옥 퍼팅해 봅시다.
땡그렁 소리를 들으면
그렇게나 기분이 좋아요.
'똑바로' 스퀘어로,
스윗 스팟에 공을 맞추며
피니시를 해줍니다.

65

主視에서 떨어지는 눈물이 공에 맞도록, 눈과 공이 수직으로 연결되도록 퍼팅 셋업을 한다.

主視から落ちる涙がボールに合うように目とボールを水直につながるようにパッティングセットアップする。

Putting set up should be in the perfect vertical line between my main eye and the ball, as a 'tear drop'.

내 눈으로 내 공을 정확히
수직으로 내려다보아야
정확한 방향의 스퀘어로
공을 굴릴 수 있습니다.

비스듬하게 내려다보면
방향이 틀어지기
십상이랍니다.
Tear drop이라는
이름의 퍼터가 있어요.
무슨 뜻인지 알 것 같죠?

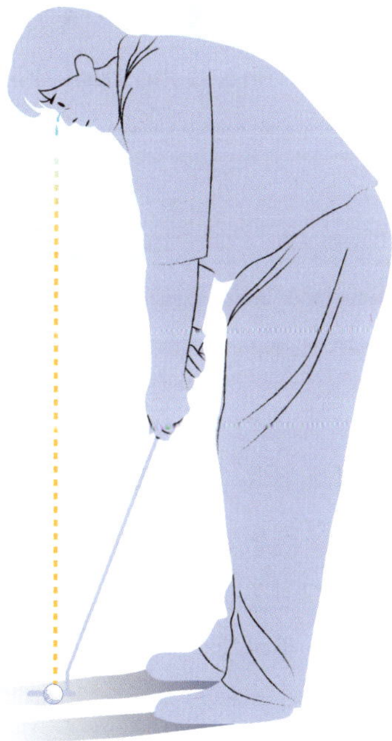

66

1 m 거리 퍼트가 퍼팅의 끝판왕이다.
OK에 감사 말고, 땡그렁 소리를 들려준다.

1 mのパットがパッティング実力だ。OKに感謝せずボールを入れよう。

1-m putting is the real skill. Let the ball clink.

"Concede", "No, thanks".
1 m 퍼트를 안 해보고 넘어가면
퍼팅 실력이
제자리 걸음하기 쉽답니다.
내기에 신경 쓰지 말고
땡그렁 소리를 꼭 들어봅시다.
이제 그걸 파트너에게도 들려주세요,
기분이 좋아질 거예요.
뒷마무리를 잘할수록
실력도 좋아집니다.

흔히, '설거지를 잘해야 한다'고 해요.

1 m가 들어가야

2 m도 들어가고

또 5 m도 들어갈 수 있어요.

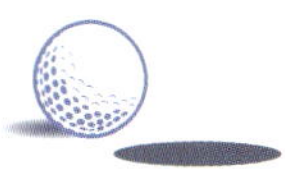

67

1 m 퍼팅은 기울기에 거의 영향을 안 받는다. 나에겐 직진만 있을 뿐.

1 mのパッティングは傾きにほとんど影響を受けない。まっすぐするだけ。

1-m putt almost never gets affected by the slope. Just go straight.

1 m가 진정으로 고민되는 거리라고 합니다.
어떤 분은 심장이나 다리가 떨린다고도 하고요.
그래서 잘 넣으려고 경사에 신경을 많이 쓰죠.

그린데 실제로 2 m를 보낸다 생각하고 치면
1 m 거리는 거의 직진을 할 뿐입니다.
'샷은 똑바로, 나는 드로우나 페이드 따위는 모른다.'
아마추어의 1 m 성공율이 50%라나 뭐라나.
그러나 나, 백돌이는 70%다.

68

5 m 퍼팅은 두 번, 10 m 거리는 세 번에 넣는다고 생각한다.

5 mのパッティングは2回、10 mの距離は3回に入れると 考える。

I regard 5 m putting as two-putt distance, and 10 m as three.

PGA 프로의 3피트(90 cm)
평균 성공율은 99.55%이고
15-20피트(4.5-6 m)
평균 성공율은 18.3%랍니다.

PGA Tour Average Putting

3 feet 99%
4 feet 92%
6 feet 70%
8 feet 53%
10 feet 41%
10-15 feet 19%
20-25 feet 12%

퍼팅, 참 어려워요.
우리들은 10 m가
3퍼트라고 생각하는 게
마음 건강에 좋을 것 같아요.
그러다가, 투 퍼트하면 환호하면 되고요.

69

스코어의 50% 정도가 퍼팅이다

スコアの50%近くがパットである。

Putting determines up to 50% of my score.

한 라운드 18홀을
모두 파 온하고 투 퍼트를 하면
모두 파가 되어서 72타 이븐이 되지요.
백순씨는 거의 투 퍼트 아니면 쓰리 퍼트겠죠?
100점에 45퍼트이니까 스코어의 45%예요.
72타 치는 PGA 프로는 28퍼트라면 40%네요.
퍼팅의 비중이 커요.
그러니 더욱더 1 m 퍼트에 도전해야겠죠.

한 라운드에 드라이버는
열네 번 쓰고 퍼터는 쉰 번 쓴다면,
어느 장비에 더 사랑이 갈까요?

70

그린 위에서는 대안이 없다. 내 퍼터로 잘 칠 뿐이다.

グリーン場では代案はない。私のパターで打つだけ。

There is no alternative on the green. I just hit it with my putter.

드라이버 샷이 잘 안 되면
우드로 해보고,
우드 샷이 안 되면
유틸리티로,
그것도 어려우면
7번 아이언으로 티 샷을 합니다.
150 m는 충분히 갑니다.
OB나는 드라이버보다
아이언 티 샷이 든든할 수 있어요.

그러나 퍼팅이 안 되면
대신할 장비가 없습니다.
나, 백돌이 연습합니다.
평소 집에서 퍼터와 나를 一體化시켜요.
거실은 훌륭한 퍼팅 연습장이죠.
“나는 퍼팅을 잘하는 백돌이가 되련다”.

71

퍼터도 가운데가 스윗 스팟이다.

パターも中央がスウィートスポットだ。

The center of the putter is its sweet spot.

토우 쪽에 맞으면 슬라이스가 나고,
힐 쪽에 맞으면 훅이 날 수도 있는 게 퍼터예요.
퍼터도 사이드 스핀 영향을 받거든요.
페이스의 위아래 중간, 앞뒤의 중앙인 스윗 스팟에
맞추어 볼래요.

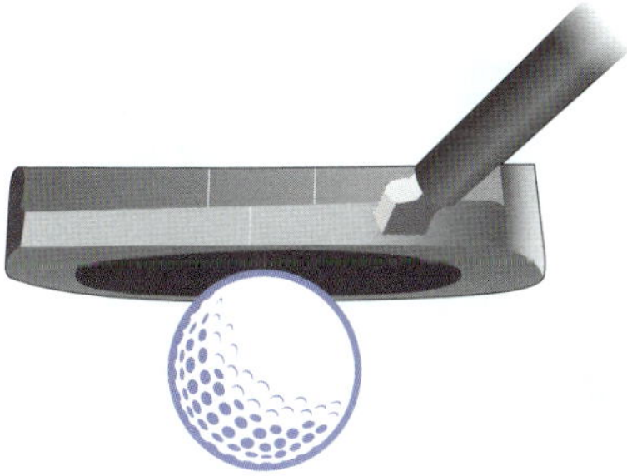

스윗 스팟에 공 맞는 소리가
'ping'이라나 뭐라나.
느낌마저 좋아요. 익숙해지자,
이 달곰한 소리.
물론 스윗 스팟에 스퀘어로 임팩트합니다.

72

이 그린을 잘 읽는 사람은 캐디이다.
나는 캐디 눈에 코드를 맞춘다.

このグリーンをよく読む人がキャディである。私はそこにコードを合わせる。

The best green reader is my caddy, so I put myself in her eyes.

이 그린을 누가 제일 잘 알까요?

작년에도 왔고 어제도, 오늘도 온 사람.

나 아니고 백돌이, 백순이 아니면…

네, 캐디랍니다.
그가 바로 전문가죠. 믿고 따른다,
그리고 거기에 내 코드를 맞춘다.
캐디야말로 이곳의 터줏대감이다.

73

나에게 중요한 클럽 셋을 고르라고 물어본다면?

私に重要なクラブを３つ選ぶように尋ねるとしたら?

What if you ask me to choose three clubs that matter to me?

나는 무엇을 고를까?

나에게 자신감을 주고, 많이 쓰고,

또 스코어에도 중요한 클럽.

대부분의 프로나 유명 코치들은

퍼터, 드라이버, 웨지 순을 꼽는다는군요.

이해가 잘 되고 생각이 같으면 좋겠어요.

드라이버는 심리적인 자신감과 확신을 준다고 해요.

더 큰 자신감은?

퍼팅 공이 컵에 들어가는 거죠.

퍼팅 잘하는 사람은
어려운 상대가 없을 것 같습니다.
반면에 아이언과 우드는
대체로 루틴이잖아요?
누가 이렇게 말했다죠?
"드라이버는 쇼고 퍼팅은 돈이다."

74

골프 장갑 한 부분이 자주 상한다면, 그 부분 그립 힘이 지나치다.

手袋に頻繁に傷つく部分があれば、そこにグリップ力が過ぎるという意味だ。

If some part of a glove is frequently worn out, the grip power of that point is too strong.

손바닥 힘은 부드럽고 고르게 쥐어야 안정됩니다.
한 부분이 지나치게 세다는 것은
그만큼 거기에 긴장이 들어간다는 것이죠.
그러면 클럽에 100% 힘과 스피드를
전달하기 어려워질 겁니다.
골프 장갑도 자주 사야 하고요.

참, 골프 장비 가운데
장갑이 제일 가성비가 높다고 하네요.
매번 새 것을 쓴다면 낭비일까요?

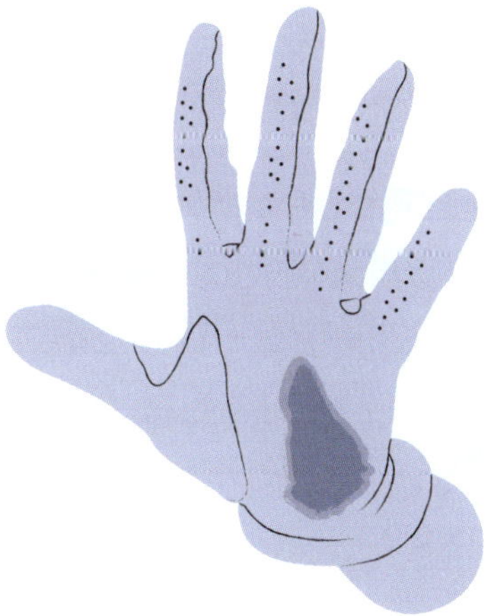

75

그립에 눌린 곳이 있다면,
거기를 쥐는 힘이 지나치다.

グリップに押された場所がある場合、そこを握る力が強過ぎる。

If the golf grip is locally depressed, your grip is too strong there.

고무 그립에 눌린 곳이 있다는 건
거기에 유난히 손가락 힘이
들어간다는 이야기입니다.
전반적인 스윙 파워도 떨어질 거고요.
그립을 자주 갈아주어야 하니
돈도 들죠.
부드러운 게 곧 단단한 것이겠어요.

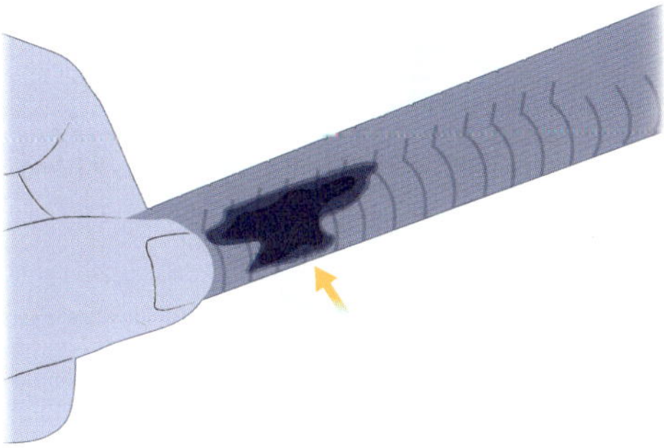

外柔內剛이라는 말이 떠오릅니다.

아, 그립의 땀과 먼지를 종종 닦아주세요.

새 그립으로 갈아주기도 하고요.

그래야 쫄깃쫄깃한 그립감이 생긴답니다.

그립 갈아주기도 가성비가 좋은 메뉴라고 해요.

76

클럽 페이스에 공 자국이 넓게 있다면, 내 임팩트에 일관성이 없다.

クラブフェイスのボールのマークが広いなら、インパクトに一貫性がない。

If my ball marks on the face are widely spread, my impact is inconsistent.

사격에서 탄착군이 되도록 한 곳으로 모여야

영점 조준을 하기 쉽고,

그래야 사격 정확성이 높아진답니다.

골프도 똑같아요.

임팩트가 일관되면 좋겠어요.

이 탄착군 넓이가 작아진다는 것은
내가 발전했다는 뜻이에요.
넓다는 것은 슬라이스에서 훅까지,
스카이볼에서 더프까지
그 결과가 다양하다는 뜻입니다.
스윗 스팟은 공 맞는 소리도 아름다워요.

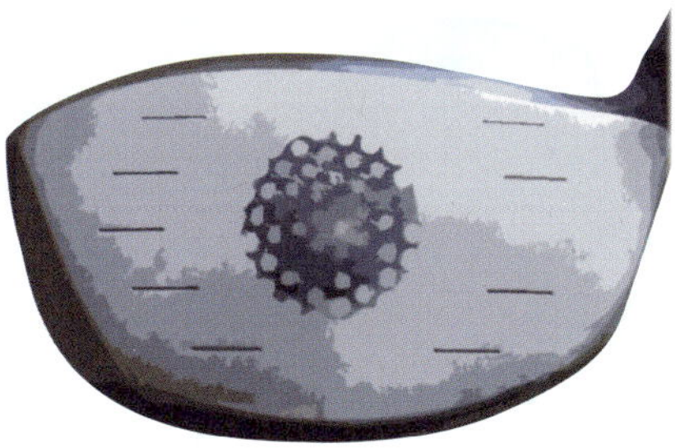

77

골프화에 뒤꿈치가 까진다면, 신발이 맞지 않거나 너무 조여 있다.

ゴルフシューズにかかとが減るなら、靴が合わないか締めすぎている。

If my heel is skinned in my shoe, it means that my shoe is not fit for me.

유럽 축구 선수들은 축구화를
조금 넉넉하게 신거나
묶는다고 합니다.
우리나라는 조금 꽉 매는
경향이 있다고 해요.

발뒤꿈치가 까지면

골프를 편히 하기가 힘들어요.

일회용 밴드가 필요하죠.

우리 캐디는 밴드도 챙겨오더군요.

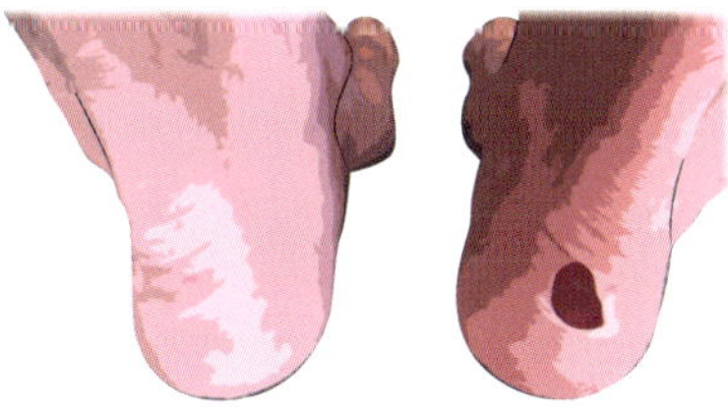

78

인생에 일관성이 필요하듯, 티 높이에도 일관성이 있어야 한다.

人生に一貫性が必要なように、ティーの高さにも一貫性が必要だ。

Just as life requires consistency, so does the tee height.

헤드 페이스의 일정한 곳에,
특히 스윗 스팟에 볼 자국이 모여 있는
골퍼가 잘 치는 골퍼입니다.
티 높이를 같게 하는 것은
간단하고 쉬운 일이에요.

똑같은 나의 티들 여럿 준비하고
높이를 일정하게 하여 땅에 꽂아 쓰면 됩니다.
내 것과 다른, 길이가 다르고
못생긴 티는 쓰지 않는 것이 좋아요.
티를 그리 아까워하지 마세요.

79

내 마음이 편안해지는 사람들을 동반자라 부른다.

私の心が楽になる人々をパートナーと呼ぶ。

People with whom I feel comfortable are called my partners.

사람이 제일 경계하는 대상도 사람이고,
제일 편하게 느끼는 존재 또한 사람입니다.
편안한 미소, 따뜻한 말씨, 부드러운 스윙.
이런 동반자가 좋답니다.

혹시 보셨나요?

미스터 트롯에서 장민호와 정동원이 함께 부르는,

'파트너'.

노래가 따뜻하죠.

그 분위기도 더할 나위 없었답니다.

80

클럽 하우스와 샤워장은 5성급 호텔이므로 충분히 즐기자.

クラブハウスとサウナは5つ星ホテルなので十分に楽しもう。

Let's fully enjoy the 5-star clubhouse and the sauna. It's all-inclusive.

우리나라 클럽하우스는 고급이라고
세계적으로 유명합니다.
그 안의 사우나도 정말 좋죠.
모두 그린피에 포함되어 있으니
즐기고 가는 게 좋답니다.

사우나에 들어가서,
"아, 시원하다. 여기가 천국이구나."
마치 일본 온천여행 즐기듯이.
골프가 즐거웠던 것처럼
사우나도 즐겁게 하면서
마무리합니다.

81

골프는 네 시간 게임이다.
서두르지 않고 즐기자.

ゴルフは4時間ゲームだ。ゆっくり楽しもう。

Golf is a four-hour game. Let's enjoy the game, nice and slow.

네다섯 시간은 긴 시간,
아주 긴 시간입니다.
무엇이든지 할 수 있는
넉넉한 시간이에요.
급할 것 없어요.
부드러운 템포, 일관된 동작으로 즐깁시다.
그러면 샷도 좋아질 것 같아요.

사실, 골프는 체력전이기도 합니다.
네 시간 동안 일관된 템포를 유지하며
골프를 즐기려면
체력이 좋아야 해요.

82

못에 뛰어든 공, 절벽에 날아오른 공에는 미련을 버리자.

池に飛び込んだボール、崖に上がったボールには未練を捨てよう。

Don't look back at the ball that jumped into the pond or climbed up the cliff.

다음 샷을 준비해야 하는데
숨어버린 내 타이틀리스트 새 공이 아까워서
자리를 떠나기 어려워요.
어차피 공을 찾을 수도,
스코어를 돌릴 수도 없는 것을 알면서도요.

Smokie의 Living next door to Alice가
멜로디도 흥겹지만 가사는 더욱 찡해요.
떠나는 Alice가 나는 그리워요.
Sally는 그런 나를 역시 24년이나 기다렸어요.
나는 과거를 좇아야 하나, 현재를 택해야 하나?

83

드라이버와 퍼터 헤드는 키스를 싫어한다. 커버를 씌운다.

ドライバーとパター ヘッドはキスを嫌う。カバーをかぶせよう。

Driver and putter heads hate being kissed and scratched. I put the cover on them.

클럽 헤드에 상처가 나면

나도 슬프고 헤드도 슬퍼요.

보기에도 이쁘지 않고요.

골프 클럽을 사랑과 정성으로 대해주면
클럽도 내게 사랑과 우정으로 보답할 거예요.
드라이버끼리, 퍼터끼리 헤딩하는
참사를 막아봅시다.

84

파 3 티 샷은 티를 꽂고 샷을 한다.
티가 있어야 티 샷에 일관성이 생긴다.

パー3ティーショットはティーを使ってショットする. ティーがあれば恒常性がいい。

At par 3 tee shot, don’t forget to use the tee. Tee will make my shot steady and stable.

티가 있으면 좋은 점이 무엇일까요?

공이 커 보여서 치기 쉽고,

맞아도 잘 뜨고,

공 높이가 일관성이 있으니

샷도 일관성 있게 되어

마음이 편해집니다.

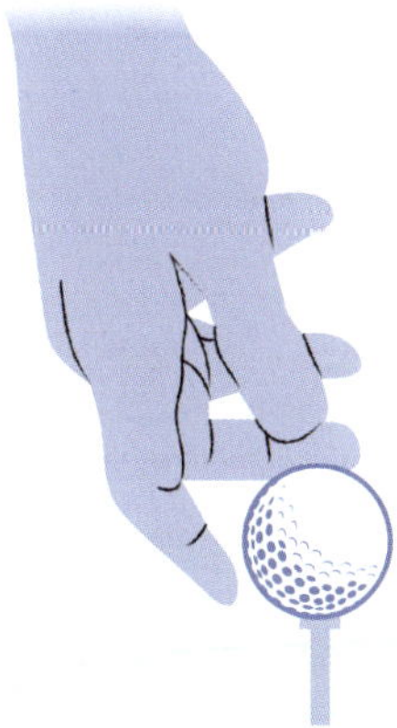

당연히 on green.

자, 이제 남은 것은,

“버디 트라이.”

85

운동에너지는 $\frac{1}{2}mv^2$. 무게(m)가 나갈수록, 스윙 속도가(v) 빠를수록 멀리 간다.

運動エネルギーは $\frac{1}{2}mv^2$である。重さ(m)が多くほどスイング速度が(v)速いほど遠くへ行く。

The kinetic energy of a ball is $\frac{1}{2}mv^2$. Greater the mass (m) and higher the swing speed (v), farther the ball flies.

내가 무거울수록 비례해서 멀리 보내고,

내가 빠를수록 제곱으로 멀리 공을 보내게 됩니다.

작은 지인이 공을 멀리 보내던가요?

그는 스윙 스피드가 빠를 겁니다.

브라이슨 디쉠보가
어느 날 몸무게를 크게 늘리고
헐크 같은 모습으로 나타나서
티 샷을 호수 건너
아주 멀리 날려 보내더니
tour에서 우승을 하더군요.
m이 커진 것이지요.
물론 그는 스윙도
빨라졌어요.
그는 텍사스 휴스턴의
물리학도였어요.

86

다운 스윙 때 오른팔은 힘이요 엔진이며 왼팔은 방향타가 된다.

ダウンスイング時、右腕はパワーでエンジンで、左腕は方向舵になる。

In the downswing, my right arm is the power and engine and my left arm becomes the rudder.

다운 스윙 때
오른팔로
스피드를 만듭니다.

왼팔은
방향을 결정하는 키죠.
좌우 팔 각각의 역할을 알고
그대로 스윙에 적용할 수 있다면
얼마나 좋을까요?

87

드라이버가 제일 가볍고, 퍼터가 가장 무겁다.

最も軽いクラブはドライバー、最も重いのはパターだ。

The lightest club in my bag is the driver, and the heaviest is the putter.

드라이버는 300그램 정도로 가벼워서
빠르게 스윙할 수 있고,
웨지는 470그램
그리고 퍼터는 보통 500그램 안팎으로
무거우니 천천히 부드럽게 칩니다.
길수록 가볍고 짧을수록 무거워요.

로프트도 그렇죠.

로프트가 낮으니(9-13도)

드라이버는 낮게 멀리(150-250미터) 날고,

로프트가 높으니(45-60도)

웨지 샷은 높고 짧게 날아요(30-100미터).

퍼터도 보통 2도 정도

로프트가 있습니다.

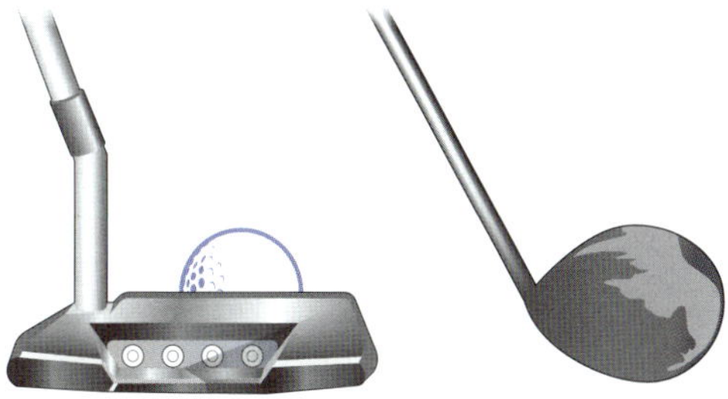

88

그립은 모든 샷, 모든 클럽에 똑같이 잡는다.

すべてのショットで1つの手のグリップ。

“One hand grip, at all shots.”

드라이버 그립 잡는 손 모양과
아이언 그립 잡는 방법이 다르다면
스윙이 일정하기는 어려워요.

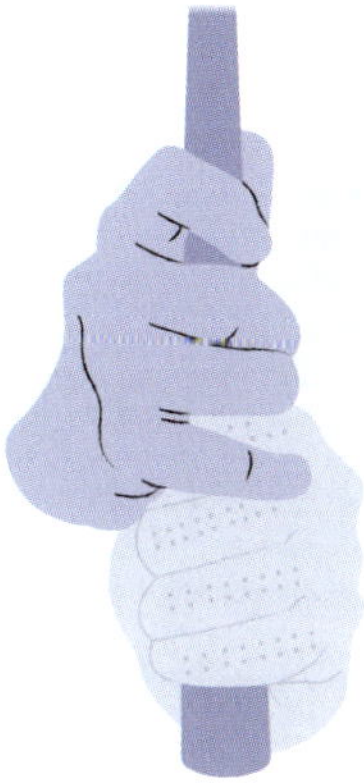

클럽에 관계없이 같은 방식으로
그립을 잡으면 일관성이 좋아진다고
타이거 우즈가 말했답니다.
그는 천재 같아요.

89

뗏장은 제자리에, 벙커 모래는 원상복구. 온 그린 자리도 처음처럼.

芝生のいかだは自分の席へ、バンカーは原状復旧。オングリーン跡も初めてのように。

Turf needs to be in place, bunker restored to the original shape and the on-green mark, just like before.

페어웨이에 날아간 뗏장은
제자리에 가져다 메꾸고,
벙커의 모래는 다시 평탄하게 고무래질 하고,
그린의 공 자국은 처음처럼 펴줍니다.
참 쉽죠?

우리, 백돌이와 백순이의 품격입니다
아이언 샷의 연습 스윙도
페어웨이 잔디는 건드리지 않죠.
내가 왔다 간 흔적을 남기지 않아요.

90

골프 클럽은 한 가지 고무 그립으로 통일하여 장착한다.

ゴルフクラブは1つのグリップで 統一して装着する。

The grip of the club should be one single rubber type.

손으로 클럽 그립을 잡는 자세는
통일되어 있습니다.
그 효과가 빛을 발하려면
클럽 샤프트에 장착되어 있는
고무 그립도
같은 종류, 같은 모양, 같은 무게인 게
좀 더 일관된 샷이 나올 겁니다.

드라이버도 아이언도

같은 그립이면 좋아요.

물론 퍼터 그립은 다릅니다만.

91

되도록 물을 자주 마신다.

できるだけ水を飲む。

Drink water frequently.

네다섯 시간 동안

야외에서 운동을 해요.

숨도 쉬고,

파트너와 캐디와 얘기도 하고요.

햇볕은 쨍쨍,

땀이 나고 바람도 붑니다.

우리 몸에 물이 많이 필요하겠네요.

되도록 자주 마시는 게 몸에 좋답니다.

우리 몸 세포는 물을 좋아한다고 하죠.

세포 속에 물이 2/3,

우리 몸 피의 양은 4-5리터.

물이 보약이라는 말도 있고요.

그래, 물을 자주 마시도록 합시다.

92

과식과 음주는 골프를 재미없게 만든다.

過食と飲酒はゴルフを つまらなくする。

Overeating and drinking make my golf not funny and even terrible.

과식을 하면 몸의 피가
소화하는 장기로 몰려가서
음식물 처리하기 바쁩니다.
머리는 골프에 집중하고 싶은데
산소 공급은 떨어지죠.

술까지 가세하면
몸에는 열이 나고
정신도 흐려집니다.
골프 스윙까지 춤을 출 거예요.
그늘집에서
소주나 막걸리를 마시는 것은
골프 파티를 망가뜨리는 것과 같아요.

93

약간의 구찌(말방구)는 분위기에 도움이 될 수 있다.

いくつかの冗談が雰囲気に役立つ。

A few jokes can give our golf game more fun.

약간의 농담, 유머라는 것이
사람 관계를 부드럽게 합니다,
즐겁게 말이죠.
침묵만 있다면
답답하고 긴장될지도 몰라요.
골프는 재미가 있어야 하니까요.

선한 의도의 농담을

가볍게 해볼까요?

물론, 악의가 있는 말이나

淫談悖說은 삼가야 합니다.

94

비 내리는 날에도 골프를 하고 싶다. 정 그러면, 면장갑을 준비한다.

雨の日にもゴルフをしたい。それでは、綿手袋を用意する。

**Do I really want to play golf on a rainy day?
Then, I'll get cotton gloves.**

비 오는 날에도 골프를 치고 싶어요.
비가 오나 눈이 오나 골프가 치고 싶습니다.
비 오는 골프장을 그려 볼까요?
옷은 젖고 신발이 질퍽거리고
안경에는 김이 서리고.
그립이 미끄럽군요.
페어웨이 곳곳에 물이 고여서 그린마저 젖어요.
비 맞은 생쥐 꼴이 되었으니
감기에 걸릴지도 몰라요.

그래도 치겠다면? 쳐야죠.

가죽 장갑은 젖으면 미끄러지니

면장갑이 조금 나아요.

박중훈의 '비와 당신'이라는 노래가 생각납니다.

눈 내리는 날은 어떨까요?

에고, 이것저것 생각하니 착잡하다.

집에서 쉬는 게 낫겠네요.

95

마음을 안정시키는 방법에는 기도가 있다.

心を安定させる方法には祈りがある。

Pray would make me calm and relaxed.

기도를 드리는 순간,
마음이 평온해집니다.
평소에 기도 드리는 분들은 아시죠.
기도의 축복을, 은혜를.
맞아요, 똑같습니다.
골프장에서도 기도를 하면 좋아요.
마음이 평온해지거든요.

Nana Mouskouri의
'Amazing grace'를
듣는 느낌이 좋답니다.
Martin Hurkens의
'You raise me up'이 더 좋다고요?
묵주기도도 또한 축복입니다.
또 하나,
명상도 골프에
도움이 많이 된다고 그래요.
'기뻐하고
감사하며
기도 드리자.'

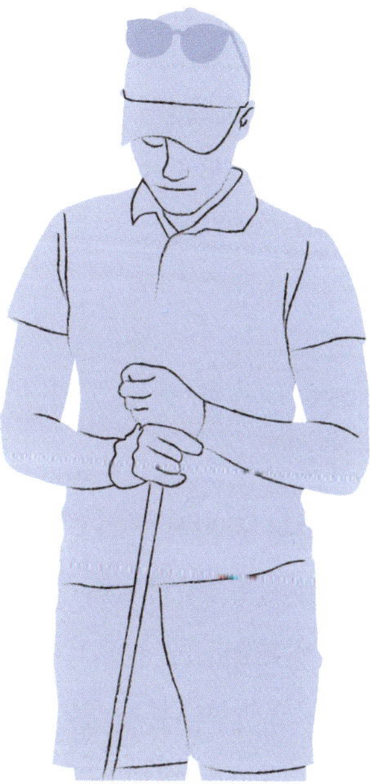

96

플레이는 연습처럼,
연습은 플레이처럼.

プレイは練習のように、練習はプレイのように。

I play like I practice, and I practice like I play on the golf course.

어제 연습할 때 마음처럼 가볍게 플레이하고,
플레이하던 자세처럼
신중하게 저녁 연습도 합니다.
더하여, 마음 자세만 그런 것이 아니라
골프 클럽이나 신발도
연습용과 플레이용을 나누지 않고
하나인 쪽이 좋아요.

클럽은
스펙이 조금만 달라도
결과가 다를 수 있답니다.
'훈련은 실전처럼,
실전은 훈련처럼.'

97

나는 왼손잡이다.
그러니 당연히 왼손 스윙을 하겠다.

私は左利きだ。それで當然左手のスイングをする。

I am a left hander. So, I'm going to play left-hand swing, naturally.

왼손 스윙을 해서 당연히
100% 실력을 발휘하겠다?
아니다, 우리나라에서는 오른손을 비롯해
양손을 다 쓰는 게 생활에 편하니
이 기회에 골프도 오른손 스윙을 시도해 보리라.
고민되겠군요.
어느 방향이든지,
모두 잘할 수 있을 거예요.

저도 왼손잡이인데
오른손 스윙을 한답니다.

98

골프 스코어가 줄지 않아 속상하다.

ゴルフスコアが良くならなくて悔しい。

I am sad, because my golf score is not as good as I expect it to be.

백순이, 백돌이라서 속상해요.

구력이 있어도 기대한 만큼

실력이 늘지 않으면 속이 상하죠.

내가 백순이 소리를 듣다니,

근데 그거 아세요?

100이 되려면 어떻게 친 건지 헤아려 봅시다.

72+28=100이에요.

보기, 더블 보기를 반복하면 돼요.

더블 보기라… 이 정도면 괜찮지 않은가요?

보기 플레이어는 72+18=90, 매 홀 보기라는 뜻입니다.

90이라는 숫자, 보기 플레이어라는 결과는 대만족이에요.

참고로 싱글은 파, 보기, 파, 보기군요. 멀지 않았죠?
"石の上にも三年"이라는 일본 속담이 있답니다,
깨달으려면 적어도 삼 년은
돌 위에서 참선을 해야 한다는.

99

골프를 하다 보면 인생이 생각나고, 인생을 살다 보면 골프가 떠오른다.

ゴルフを見ると人生が思い出され、人生を見るとゴルフが思い浮かぶ。

Life is like a round of golf, and golf is like a man's life.

골프를 하다 보면
모두가 느낍니다.
어떻게 이렇게
마음먹은 대로 되지 않는 건지.
그러나 그것이 다가 아니죠.
예상치 않게 온 그린이 되어 있기도 하고,
기대도 않았던 버디가 나오기도 하고.
심지어 홀인원을 하기도.
그래서 많은 분이 골프에서
인생을 떠올리나 봐요.

자식과 골프는 맘 같지 않나면시요?

Dana Winner의

'One moment in time'을 들어 보면서,

Whitney Houston이 더 좋나요?

100

골프는
나이 들어서도 즐기는 운동이다.

ゴルフは年をとっても楽しめるスポーツだ。

Golf is a sport enjoyed even in old age.

나이 들어서 치는 골프는
세 가지가 겸비되어야 한답니다.
三位一體.
골프를 칠 건강이 되고,
칠 경제력이 되고,
함께 칠 친구들이 있어야 하죠.
아프지 않게 걸을 수 있는 몸,
어느 정도의 돈, 그리고
죽이 잘 맞는 벗.

나이가 들면 근육량이 줄어듭니다.
평소에 산책, 걷기, 헬스, 필라테스 등을 하며
근육을 관리하면 좋겠죠?
아름다운 인생.
"백순이, 백돌이인 나도 골프가 즐겁다."